◇ 和创造世界名牌的人
『 一起放飞梦想 』

◇ 花旗银行的旗手桑迪·威尔

*huaqi yinhang de qishou sangdi weier*

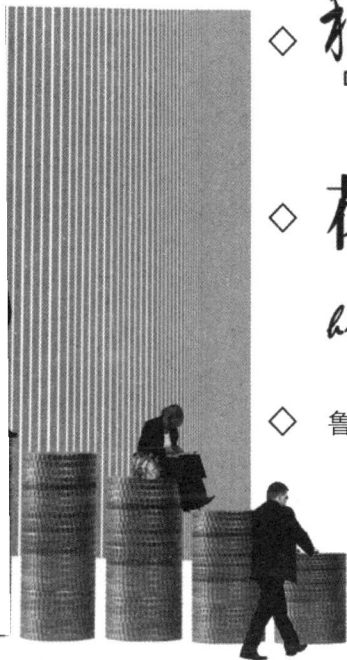

◇ 鲁晓红◆编著

吉林出版集团有限责任公司

**图书在版编目（ＣＩＰ）数据**

花旗银行的旗手桑迪·威尔 / 鲁晓红编著. -- 长春:吉林出版集团有
限责任公司, 2013.11

（和创造世界名牌的人一起放飞梦想）

ISBN 978-7-5463-6963-1

Ⅰ.①花… Ⅱ.①鲁… Ⅲ.①威尔，S.—生平事迹—青年读物②威尔，
S.—生平事迹—少年读物 Ⅳ.①K837.125.34-49

中国版本图书馆CIP数据核字(2013)第269110号

## 花旗银行的旗手桑迪·威尔
HUAQI YINHANG DE QISHOU SANGDI·WEI'ER

编　　著：鲁晓红
项目负责：陈　曲
责任编辑：金　昊
出　　版：吉林出版集团股份有限公司
发　　行：吉林出版集团社科图书有限公司
电　　话：0431-81629727
印　　刷：北京一鑫印务有限责任公司
开　　本：710mm×960mm 1/16
字　　数：100千字
印　　张：12
版　　次：2014年3月第1版
印　　次：2019年7月第2次印刷
书　　号：ISBN 978-7-5463-6963-1
定　　价：23.80元

如发现印装质量问题，影响阅读，请与出版方联系调换。0431-81629727

# 序 言
## PREFACE

## 梦想与生命共存  传奇与我们同在

当你拥有这套《和创造世界名牌的人一起放飞梦想》系列丛书并真正读懂它的时候，祝贺你，你已经向成功又迈近了一大步，并可以为自己的人生勾画一张蓝图了。

开卷有益，我们不是猎奇，不是对世界名人和超级品牌的奇闻轶事简单地一声惊叹，而且通过阅读，让我们的视野变得更加开阔，让我们能够更好地认识这个世界，并找到适合自己的成功之路。

这是一套全方位满足你阅读愿望的好书，文字鲜活，引人入胜。这里有商界巨鳄的传奇创业故事，也有他们普通如你我的日常生活，当你随着一行行文字重走他们的人生之路时，你的心一定会在波澜起伏中感到一种快意。或许他们的成功不能复制，但是他们的坚韧、执着、宽容——这些成功的要素，我们可以复制。

通过阅读名人的成长故事，重温名人的创业之路，我们会发现，健全的人格、自由的意志、高远的理想、敢于实践的勇气、高瞻远瞩的见地、坚毅勇敢的性格、理性处世的原则、独立思考的习惯、幽默风趣的表达方式……一个人成功的诸多要素都以具体而形象的方式展现在你的面前。

每个人都有自己的生活轨迹，然而成功之路殊途同归，这一路上你的行囊里必须要装入梦想、希望、宽容和坚韧。

请给自己一个梦想吧！梦想是成功的种子，梦想是希望的支点。从这套书中你会发现，每一个了不起的品牌里都承载了品牌创始人那激越的梦想。是梦想，让他们充满激情，斗志昂扬；是梦想，在困境中带给他们希望，让他们有了坚持下去的勇气；是梦想，激励他们不断向前进！

为梦想不懈地努力吧！从这套书中你会明白，任何人的成功都不会一帆风顺，在鲜花和掌声的背后，有太多不为人知的痛苦。那些创业中的失败、徘徊和挫折，对我们来说更具有启迪的价值。真正的勇敢者，并不是无所畏惧，而是在面对挫折的时候，能及时调整自己，正视艰难困苦，不放弃希望。所谓成功，不过是努力的另一个名字罢了。

伟大的戏剧家莎士比亚曾说："一个最困苦、最卑贱、最为命运所屈辱的人，只要还抱有希望，便无所怨惧。"

生命只有一次，让我们在阅读中汲取无穷的力量吧！《和创造世界名牌的人一起放飞梦想》系列丛书会带你走进一个传奇世界，仔细阅读并把你的梦想付诸实践，你也许会成为下一个传奇。

带上我们的梦想启程，为我们璀璨夺目的人生而奋斗！

# 目 录
## Content

# 前 言

## *Introduction*

　　桑迪·威尔是华尔街的一个真正的传奇人物。

　　他缔造了美国著名的证券公司希尔森–勒布–罗德斯公司，他做过美国运通的CEO，曾是花旗集团的董事会主席和CEO。

　　他是一个性格腼腆、内向的人，却成为了零售经纪之王。他的客户群很广，既有餐馆的侍应生，也有拳王阿里。他没有任何家世和背景，却连美国前总统福特也成了他公司的董事。

　　1960年，他和朋友一起创建了一个只有四个合伙人的小公司。在短短的20年里，它成了美国最大的证券公司之一。52岁，他遭遇了事业上的滑铁卢，被迫离开运通。但他丝毫没有沉沦，带领着一家名为商业信贷公司的小公司，吞并了一个又一个公司。在17年里，他把这个濒临破产的小公司重新打造成了全美令人瞩目的一流企业。1998年，他领导的旅行者集团与世界著名的花旗银行合并，成立了花旗集团，变成了居于全球

领导地位的银行。

他的第一家公司的股本，只有6万美元——自己积攒的3万美元和从母亲那里借得的3万美元。在第一个10年里，他的公司创造了1200万美元的收入。在第二个10年里，他公司创造的利润更是让人惊叹，仅1980年一年就赚了5500多万美元。1981年，在他将希尔森公司卖给运通时，公司已经价值10亿美元。他在担任花旗银行董事会主席和CEO期间，为投资者创造了2600%的回报。

*Sandy Weill*

第一章　从丑小鸭到白天鹅

Sandy Weill

# 第一节 家 族

美国的百万富翁中有百分之二十是犹太人，获诺贝尔经济学奖的经济学家中，有百分之二十是犹太人。因而历来犹太人被公认为是最会赚钱的民族，被誉为"世界第一商人"。

——《时代周刊》

1933年5月16日，在布鲁克林本森赫斯特区的一所不起眼的三层楼的房子里，一个不起眼的男孩出生了，父母给他取名为桑迪。没有人预料到这个平凡的男孩后来能够成为华尔街上的传奇人物。

桑迪出生的这所房子属于他的外祖父菲利普·卡利卡，他们与女儿罗斯住在一楼，桑迪一家住在二楼的两间卧室里。三楼是用于出租的。桑迪从出生开始就和外祖父一家生活在一起，一直到桑迪10岁时才离开。

卡利卡先生是一名生于波兰的犹太人，他年轻时是个喜欢冒险的人。他早年曾经在沙俄军队中服役，并在那时结识了桑迪的外祖母莉薇·施瓦茨。两人一见钟情，很快坠入爱河。陷

入爱情中的卡利卡再也没有回过家，也不顾自己在家乡已经订婚，毅然娶了施瓦茨，并在华沙西北方向不远的一个犹太人村庄中定居下来。他们在那里生下了五个孩子中的三个，第三个孩子就是桑迪的母亲埃塔。

幸福的生活没有维系太长的时间，在动荡的岁月中，想保持一个家庭的平静太难了。在卡利卡生活的时代，波兰还不是一个独立的国家，波兰领土的大部分在那时尚处于沙皇俄国的统治之下。波兰地处俄国与德国中间，因此，两国关系对波兰的和平有着直接的影响。俄国和德国有几代姻亲关系，俄德两国本来关系不错，可自从德国皇帝威廉二世上台后，一切变得不同了。在争夺巴尔干半岛的问题上，德国与奥匈帝国站在了同一条阵线上，这使得俄德两国关系急剧恶化。如果两国开战，无论哪边获胜，倒霉的都是夹在中间的波兰。

此时的俄国面临内忧外患，俄国在日俄战争中战败，失去了对中国东北的控制权。谁也没有想到，强大的俄罗斯帝国竟然败给了小小的日本。与此同时，俄国国内也风起云涌，列宁领导的俄国无产阶级开始了红色革命。此时的俄国处于动荡之中，没有人知道它将走向何处。卡利卡夫妇平静的生活即将被打破。

眼看着局势动荡不安，没有人知道留在波兰会怎么样。卡利卡先生的冒险精神再一次帮助他做了一个大胆的决定，他只身一人前往远离战乱的美国求生。事实证明，他的决定是正确的。可怜的波兰人民在战争中饱受摧残，尤其是犹太民族，在

二战中几乎遭受了毁灭性的打击，等待他们的只有集中营和死亡，卡利卡的决定挽救了这个家庭。

他在美国站稳脚后，就把妻子和三个孩子都接到了美国。

卡利卡是一个出色的商人，他刚到美国时身无分文，可是，凭着吃苦耐劳的精神和良好的商业头脑，他很快就积累了一定的财富。1919年，他在布鲁克林买下一所房子，1926年，他建立了自己的企业。卡利卡的服装企业生产的产品与众不同，他不生产时髦女装，却生产黑色丧服。这使得这家公司在大萧条的年代依然能够繁荣发展。卡利卡没有局限于服装生产，他还投资酒店和农场。可以说，卡利卡凭借着自己的努力，使家庭过上了富足的中产阶级的生活。子女高中毕业，他能以出国旅游作为礼物。

外祖母莉薇是个典型的贤妻良母。她擅长操持家务，严格地教育子女。莉薇虽然非常瘦小，但却有着犹太民族特有的勤劳与坚强。1908年，在桑迪母亲3岁的时候，莉薇带着她的三个孩子通过埃里斯岛乘坐安布里亚号来到了纽约港，移民到美国。她刚到美国的施瓦茨时，口袋里也只剩下可怜的1美元50美分。但为了丈夫和孩子，她毅然漂洋过海，通过重重障碍，只身带着三个孩子来到美国和丈夫团圆。她的勇气、坚强和吃苦耐劳的精神成为留给子女最宝贵的财富。

桑迪和祖父一家生活在一起的时间很短。和外祖父家不同，他的祖父母对他的影响非常小。桑迪的祖父是一个虔诚的

信徒，家里没有多少钱。桑迪的祖母很早就去世了，连他的父亲迈克对自己的母亲也没有什么印象。桑迪的祖父很快又娶了第二任妻子，当他的第二任妻子去世后，他又结婚了，娶了一个残疾的表亲。事实上，桑迪在童年时只见过祖父的第三任妻子。

　　桑迪的父亲马克斯·迈克·威尔也出生于波兰，很小的时候就来到了美国。他经常说自己出身于贵族，是从法国阿尔萨斯迁移到波兰的，但是没有人知道真假，即使他真的是贵族，也是一个落魄的贵族。迈克本人很招人喜欢，他身材高大，幽默风趣，生性热情，喜欢交友，擅长交际。卡利卡非常喜欢这个女婿。1932年在迈克和埃塔结婚后，卡利卡甚至将自己的服装公司改名为卡利卡–威尔公司。但迈克和埃塔的婚姻生活并不幸福，迈克选择埃塔，最直接的原因恐怕是她有一个富有的家庭。

　　母亲埃塔与父亲的性格截然相反，她身材瘦小，性格内向，与人在一起时会紧张。她从不喜欢外出，衣着也很简朴，一生都不会开车。她是一个标准的犹太母亲——一切以家庭为中心，她每天的工作就是洗衣、做饭、照顾几个孩子。她天生节俭，经常为了买便宜几美分的东西走上十个街区。虽然儿子桑迪后来是金融业中的佼佼者，埃塔直到1994去世时也没用过信用卡。

　　和其他的犹太家庭一样，埃塔非常重视子女的教育，总是想着让桑迪和海伦这两个孩子受到良好的教育。埃塔擅长数学，对数字非常敏感，她能轻易地记住并计算数字，她从小就教桑迪算术。因此，虽然桑迪的总体成绩一直不太好，但他的数学成绩却非常好，直到晚年他仍能在头脑中轻松地运算数字。

# 第二节　离　别

> 我的声誉一直是我最珍贵的财产，我非常骄傲于我没有任何弄虚作假地取得了成功。
>
> ——桑迪·威尔

　　桑迪非常喜欢待在外祖父家。每到夏天，他们都能到纽约东南的皮克斯基尔去度假。桑迪的外祖父曾在那里有一家酒店，后来卖掉酒店买了一个农场。这成了卡利卡一家的避暑胜地。桑迪的舅舅、姨母一共五家都聚在这里。桑迪的母亲整个夏季都待在农场，父亲要在城里工作，每个周末过去。桑迪和妹妹海伦在农场开心得不得了，他们会到池塘去游泳，会驾着红色的小车到处跑，会给奶牛挤奶，会钓鱼，这些都让桑迪和海伦感到新奇。可是，这一切都因为父亲而改变了。

　　1936年，依靠岳父卡利卡先生的支持，迈克终于有了自己的服装公司。可是，他并没有卡利卡先生的勤劳、诚实和好运气，他的公司一直是短命的。俗话说，小商唯奸，迈克正是这样的人。他以超低的价格购买原材料，却不按规定以固定价格供应服装，而是偷偷拿到黑市上以高价卖出。靠着这种投机倒把的行为，他的公司确实赚了不少钱，连儿子都发现，他似乎比家里的任何人都有钱。这一时期，事业上看似成功的迈克是儿子的偶像。然而，好景不长，他被物价管理局发现了，在掏了35000美元的罚款后，他被判刑3年，缓期执行。

迈克有着先见之明，他早就做了准备。他将自己的部分资金转移走，以别人的名义购买了纽约一家服装公司的股份。现在事情败露了，为了躲避法律的制裁（虽然没能够躲避得了），也为了重新开始新的事业，他把家迁往迈阿密。

迈克的投机倒把行为不仅毁掉了自己的事业，也给家人带来了影响，尤其是桑迪。

桑迪的性格一直腼腆内向，他从不主动去交朋友。桑迪最喜欢的两个人是他的保姆海莉小姐和妹妹海伦，尤其是海莉小姐。海莉小姐非常喜爱桑迪，她与桑迪住在同一间卧室，关心他、爱护他，以至于桑迪几乎把她当作真正的母亲。然而，海莉小姐不能随着他们一家迁往迈阿密。没有了海莉小姐，桑迪伤心极了，而这一切，都是迈克造成的。

迈阿密是美国人的度假胜地，这里有金色沙滩和碧海蓝天。迈克一家住在皇家棕榈大道上的一所房子里，这里离海边只有五个街区。

来到佛罗里达之后，桑迪的学习成绩仍然很糟糕。为此，桑迪留级一年，但他的学习成绩没有任何起色。这时候大家都觉得桑迪不会在学业上有什么发展，大学注定与他无缘。

然而，这个男孩还是有了一些变化。首先是桑迪喜爱上了体育运动，迈阿密明媚的阳光让桑迪爱上了户外运动。他经常到外面骑车，和邻居家的小孩打篮球。过去那个只喜欢和妹妹与保姆在一起玩儿的男孩有了新的朋友——弗兰克，他们经常一起打篮球，他因此也变得有自信了。体育运动让桑迪觉得自己不是一个一无是处的人——至少他还有运动天分。

除了运动，桑迪还有了他的生平的第一份工作——送报纸。桑迪很敬业，他每天都能准时送报，这为他赢得了信誉，他也很擅长推销，越来越多的人愿意让他给自己送报纸。这个时期的桑迪也许还没有意识到自己的领导才能，但他已经学会了分配工作。桑迪没有自己一个人独自完成工作，他找了一个助手——妹妹海伦。桑迪让妹妹做自己的助手，把报纸一张张卷起来，他把自己的收入分一部分给妹妹，每份报纸一美分。这也许是桑迪最早的合作意识的培养。

很多哲学家都说过，一个男孩成长为男人的道路，往往是从崇拜父亲开始的，在追随父亲的过程中，一个男孩才逐渐学会独自面对周遭的一切。但桑迪的父亲带给儿子的，除了失望还是失望。

迈克不是一个好丈夫，他在家里处于绝对控制地位。这个在外面极有人缘的家伙对妻子一点也不好。他经常对妻子发脾

气，任何命令都要求妻子绝对服从。他似乎已经忘了自己的发迹是建立在岳父一家的支持上的。

迈克也不是一个好父亲。他不仅对妻子发脾气，还经常对儿女吼叫，儿女都越来越害怕他。同时，迈克每次出现在桑迪的周围都让他感到难堪。他会当着桑迪的朋友讲下流笑话，会在众人面前批评桑迪，还会在餐馆里与漂亮女招待调情。这个男人处处显得没有一点教养，他甚至在桑迪和朋友们一起吃饭时，夸张地抢过账单。也许迈克觉得自己很幽默、很有气派，但他的这些言行常常让儿子面红耳赤，无地自容。

然而，迈克自己丝毫意识不到对家人的伤害，1947年，他不惜破坏家人刚刚稳定下来的生活，宣布要回到纽约去。他决定开一家新公司，去做钢铁生意。

战争期间，美国的建筑业处于停滞的状态，战后的城市移民浪潮和退伍军人的安置问题加剧了纽约的住房紧张，在战后的纽约找到一所房子住简直比登天还难。祖父在那里虽然有房子，但房子很小，除了祖父和继祖母外，还有桑迪的姑姑与他们同住。尽管如此，桑迪的父亲不得不带着他们搬进了他父亲在布鲁克林的房子住了一年。

桑迪的成绩仍然一塌糊涂。他的父母决定回到纽约后让桑迪到寄宿学校去学习。名义上是为了解决桑迪在学习上的困难，事实上是为了解决住房紧张的问题，桑迪被送到了皮克斯基尔军校。没有人想到，皮克斯基尔军校会成为这个男孩人生的转折点。在这里，他从一个差生蜕变为一个优等生。

# 第三节　蜕　变

失败可能是好事。

——桑迪·威尔

　　皮克斯基尔军校位于纽约市以北约50公里的地方。这所学校很多人没有听说过，但皮克斯基尔军校有一位校友叫弗兰克·鲍姆，他不是以军事才能而闻名，而是以一部童话风靡全世界——《绿野仙踪》。在这部童话中，他描写了一条黄砖路，而其创作灵感正是来源于皮克斯基尔军校门前的哈德逊大街，这条路以前用奇怪的金黄色砖头装饰而成。

　　桑迪父母在皮克斯基尔度夏时，与皮克斯基尔军事学校的工作人员熟悉了起来。为了迅速地缓解住房紧张的问题，桑迪被父母送到了皮克斯基尔军校成为一名低等军校生。由于学习成绩太差，桑迪只好又降了一级。富有戏剧性的是，海伦由于学习成绩优异跳了一级，虽然她比桑迪小了3岁，但如果桑迪再降级，恐怕就要和海伦在一个年级了。这真是让桑迪这个做哥哥的颜面扫地。

　　桑迪的父母原计划让他在皮克斯基尔军事学校只呆一年。但桑迪真的很喜欢这所学校，他在这里坚持学习了4年。

即使父母在布鲁克林的富拉特布什区找到自己的房子之后，桑迪仍然选择留在军校。桑迪在这里迅速成长起来，由一个让父母头疼的问题儿童成长为一名优等生。这是父母无论如何也没有料想到的。

桑迪在皮克斯基尔的成长首先得益于军校严格的纪律，严格的纪律规范了桑迪的行为，他迅速地成长了。

桑迪非常喜欢皮克斯基尔军事学校。开始的第一年，桑迪经常被大学生欺负，但这也让他学到了一些东西。他慢慢学会了接受批评，试着改变自己的行为。军事学校有严格的作息时间，这让桑迪懂得了自我约束。对于一个年轻人而言，这正是他成长过程中所需要的。

另一方面，桑迪的成长也得益于他遇到了一位良师——克莱尔·弗兰茨。桑迪在父亲那没有获得一个男孩成长的必要的支持，但幸运的是，克莱尔·弗兰茨给了他超越了师生关系的足够的支持和帮助。和桑迪那总是沉浸在生意当中并且不断给他制造各种麻烦的父亲不同，克莱尔与桑迪相处得非常愉快。

弗兰茨拥有日耳曼血统，身材高瘦。开始，他只是桑迪的拉丁语教师。然而，他对桑迪非常感兴趣，不仅鼓励桑迪改善学习习惯，还鼓励他打网球。他在学习上帮助他，在网球场上鼓励他，这给了桑迪极大的信心。

在弗兰茨的帮助下，桑迪的网球技术有了很大的提高。桑迪开始代表学校参加各种比赛并赢得了西切斯特私立和教会学校少年单打赛的冠军。他还加入了纽约的少年戴维斯杯队，并

有机会与当时有名的网球运动员潘古·塞古拉一起训练。网球运动为桑迪的高中生活增添了亮丽的色彩。

网球运动带给桑迪的不仅仅是体育运动方面的满足感，还让桑迪相信，自己在其他方面也是可以更加出色的，桑迪的自信心得到了极大的提升。第二学期，桑迪的成绩已经有了明显的进步。第三学期，桑迪真正摘掉了差生的帽子，成为一个名副其实的优等生。他不再是那个天天让父母为学习成绩犯愁的男孩了，每年的考试，他都能在全班35名同学中排在第二或第三名。甚至有一年，桑迪还获得了全班第一名，赢得了很高的荣誉。

桑迪的潜能开始爆发，他尝试参加各种各样的课外活动。在校报《晨号》做记者，在学校军乐队当鼓手。一次，当他扛着大低音鼓参加哥伦布纪念日游行时，一只德国牧羊犬跑了出来，在桑迪的小腿上狠狠咬了一口。这个男孩显示出了非凡的勇气，他在带伤坚持完成了游行后，才去医院处理伤口。

在皮克斯基尔军事学校的生活不仅使桑迪在成绩上有了飞跃，也让他收获到了友谊。这对一个孩子的成长实在是太重要了。桑迪的老师和同学给桑迪起了两个绰号："鸭子"和"五点钟影子先生"。前者是说桑迪走路摇晃，后者是说他的胡子长得快，上午刚刮完下午5点就长出来了。他们都喜欢桑迪。第三年的时候，桑迪被授予中尉军衔。桑迪可以住进军官级别的宿舍了，这意味着他晚上可以晚熄灯，到了周末还可以去皮克斯基尔城里玩儿。

成长的另一个标志是他开始有勇气去追求女孩了。虽然从今天的角度来看，早恋是不应该的，但对一个自卑、内向的男孩来说却是成长的标志。网球的成功和成绩上的提高让他有了自信。这种自信不仅表现在友谊的建立上，也体现在对异性的追求上。

军校二年级的时候，桑迪到外祖父农场附近的一家酒店当保安，在那儿他第一次喜欢上了一个女孩。女孩是个大学生，她对桑迪没什么兴趣，和桑迪之间的恋情很短暂。但她极大地帮助桑迪提高了自信。

在皮克斯基尔军事学校的几年中，桑迪父母经常会来看桑迪。可能迈克觉得把儿子扔在了寄宿学校有点愧疚吧，有时也亲自来看儿子。迈克一来可不得了，他叼着一支雪茄烟，和桑迪的朋友大声地说笑，给他们讲故事。虽然看起来还是像个暴发户，但每次迈克来，都能把同学们逗得乐不可支。桑迪虽然有时仍会为迈克的粗俗感到尴尬，但也会为父亲受到同学的欢迎而骄傲。

这时，桑迪父亲的钢铁进口生意看起来颇有起色。但他并没有把心思用在如何开拓事业上，而是用在了享受奢侈生活上，他拥有昂贵的车、无数的新衣，他每周都要理发和修指甲。他和他的合伙人都在忙于用公司的钱享受生活而不是创造利润。更何况，这家名叫美国钢铁公司的企业并没有那么大的利润。只有遇到罢工，钢铁的产出量少，价格才会有相应的提高。实际上这家公司只有在钢铁行业人员举行罢工时才能多赚

点钱。父亲错误的经营方式导致了第二次生意的失败，而这也对桑迪未来的经营理念产生了影响。

虽然父亲品行不佳，但他教给了桑迪作为男人非常重要的一个道理：要想获得自己需要的东西，必须努力工作。他曾让桑迪在一个钱包厂做安装金属扣钉的工作。桑迪父亲特地对他说："如果你在学校不好好读书，这就是你能找到的工作。如果你想要更多，你就要努力。"另一次，他安排桑迪住进了华盛顿著名的五月花酒店。桑迪从没享受过如此豪华的生活。酒店里奢华的设施让他感到惊奇。这时，父亲教育他说："作为一个成年人，只有在你愿意非常努力地工作时，你才能享受这些美妙的东西。"这让桑迪明白，要享受美好的生活，自己就必须努力工作。

# 第四节　我的大学

> 使每个来到这里的求知者，都能得到精心的指点。
>
> ——康奈尔大学校训

1951年初，桑迪在皮克斯基尔军事学校的生活很快就要结束了，他面临着新的选择。这个时候的他已经不是那个孤僻、

内向、成绩一塌糊涂的小男孩了。桑迪在入校时是差等生，毕业时却在全班名列前茅。他同时获得了哈佛大学和康奈尔大学的录取通知书。

一方面，桑迪在皮克斯基尔军事学校时数学和理科方面的课程成绩比较出色，另一方面，他也希望能加入父亲的公司。桑迪最后选择了康奈尔大学的工程学院冶金专业。当年那个被认为学业上没有任何希望的孩子竟然考上了美国一流的大学，父母喜出望外，父亲送给桑迪一辆黄色普利茅斯敞篷车作为毕业礼物。

下面我们来看看桑迪即将就读的学校——康奈尔大学。

康奈尔大学于1865年建校，隶属于代表美国顶尖名校的常春藤联盟（其他七所盟校分别为哈佛大学、耶鲁大学、普林斯顿大学、哥伦比亚大学、宾夕法尼亚大学、达特茅斯学院和布朗大学）。这八所学校中，只有康奈尔大学是美国独立战争之后建立起来，它也是常春藤盟校中最年轻的一员。康奈尔大学的著名校友不少：到1983年为止，该校毕业生中先后有18人获得诺贝尔奖，其中文学奖得主1位，和平奖得主1位，物理学奖得主6位，化学奖得主5位，医学和生物学奖得主5位。康奈尔大学亿万富翁校友数量已经达到9位，位居整个美国高校的前十名之列。同时，它也为世界各国培养了不少有影响的人物。我国近现代史上著名的胡适、茅以升、杨杏佛、戴芳澜等名人都曾就读于康奈尔大学。此外梁思成、林徽因、冰心、徐志摩等人也曾在此学习和生活过。

康奈尔大学的校色是大红，鲜艳热烈，热情奔放。当年老康奈尔创立这所大学的目的，就是"使得所有的人可以学到任何他所想学的学科"。似乎，任何人的青春都能在康奈尔这里燃烧。在桑迪入学的年代，正是康奈尔大学发展的黄金时期。他们开设了许多新兴专业，并且大量聘请一流的学者来康奈尔讲学。与同一时期的其他老牌名校不同，学校的文化氛围是开放的，黑人、犹太人等各个民族、种族的后裔都能够进入到康奈尔就学。

在这样一所思想开放、氛围活跃的学校里，桑迪很快融入了大学生活中。像很多年轻人一样，脱离了军校的严格限制，他开始随心所欲地生活。最初的生活让他感觉非常愉快。他开始和朋友外出、喝酒。康奈尔大学庞大的联谊系统给了桑迪迅速建立自己社交圈子的机会，他很快决定加入阿尔法-埃普西隆-派。这个联谊会中有很多成员是犹太人，大部分来自纽约地区，桑迪和他们相处得非常愉快。桑迪擅长乒乓球，这也帮他结交到了更多的朋友。桑迪开始频繁出入联谊会的各种社交活动，参加周末舞会。这时候，父亲赠送的黄色敞篷车为他赢得了更多女生的青睐。

然而，这样的快乐生活并没有维持太长时间，大学里有很多欢乐，但大学毕竟是学习的地方。在美国，考上大学是一件非常轻松的事，但要想毕业就不太容易了。"进去容易，出来很难"是美国大学尤其是一流大学的共同特点。很多人是毕业若干年后才拿到毕业证的。我们非常熟悉的NBA著名的中锋，

被称为"大黄蜂"的沙奎尔·奥尼尔到了30多岁才得到学位证书。康奈尔是一个治学严谨的地方，冶金专业新生的入学教育更是别开生面。在开学伊始，系主任就告诫这些新生："左右看一看，因为你们大部分人在毕业时不会出现在这里。"注意，不是"一部分人"，而是"大部分人"。不久，桑迪便真正明白了，这不是什么激励的手段，也不是玩笑，而是真实的情况。这个皮克斯基尔学校的高材生真的有可能连毕业都成问题。

其实，在皮克斯基尔军事学校时，桑迪的数学和理科成绩都不错。可是到了康奈尔，他的优势一点也体现不出来了。更为糟糕的是，他发现自己根本不是学习冶金专业的料。物理期中考试的其中一道题是计算一枚炮弹会落在群山的哪个位置。桑迪认为炮弹最多能勉强到达最近的山坡，可是他无意中看到旁边的人在卷子上一个很远的山坡上画着陆点。桑迪对自己产生了质疑，他知道该如何答这道题了。不会就不会吧，没什么大不了的，但这个调皮的男孩竟然在卷子上写上了"桑迪无法做出这一题，桑迪的大炮出故障了"。卷子批下来之后，桑迪得到零分。愤怒的教授在卷子上写上了相当尖刻的批语。

这种状况并没有随着时间的流逝发生变化。桑迪逐渐意识到，他无法完成冶金专业的课程，继续学习下去，他除了不及格，还是不及格。这个男孩已经有了自己的主见，感恩节回家时，他告诉父母自己的决定：从康奈尔退学，转到纽约大学去继续学习。桑迪的父母无奈同意了他的决定。

就在桑迪已经打算放弃康奈大学时，康奈尔大学却没有放弃桑迪这样的学生。康奈尔通知像他一样的11名学生，学校开设了特别缓冲计划。康奈尔大学在威斯康星设了暑期班，学生可以去补习过去一学期的课。补习结束后，他们可以转读文科。桑迪参加了补习，暑假结束后，他离开了冶金专业，转入政治系学习。事实证明，桑迪仍然是个好学生，只是选了一个不适合他的专业。桑迪在政治系不仅顺利完成了大学课程，而且在最后一年开始学习商学院的研究生课程。

学业上的压力减轻了，桑迪又开始继续享受大学生活。到了大三，他和三个联谊会的兄弟一起住进一套带两间卧室的公寓。这一时期，他热衷于打桥牌。桑迪已经能够做到既适当地努力学习通过考试，又能在周末开车兜风。此时，桑迪的妹妹海伦已经在史密斯学院上学，她的男朋友是桑迪的室友兰尼·祖克，两人经常跑到马萨诸塞州去玩。这样美好的日子持续的时间并不长，因为，桑迪恋爱了，他遇到了他一生中最重要的女人——琼妮。这个女人不仅成为未来他的妻子，也给了他事业上的支持和帮助。

# 第五节　恋　爱

五十多年来，琼妮一直站在我身边，在我成年生活中的所有重要关头为我提供支持和指导。多年的生活一步步走来，我一直爱慕着她。

——桑迪·威尔

春假期间回到家里时，姨妈告诉桑迪，他们有了一个新邻居，是从加利福尼亚搬来的。这家有一位19岁的姑娘，名叫琼妮·莫舍。桑迪热情的姨妈建议桑迪打电话约她。此时的桑迪刚刚与女朋友分手，于是迫不及待地打电话请她出来玩。琼妮婉转地拒绝了桑迪："对不起，我那天晚上有一个聚会，不能与你见面，但我有一个朋友，或许你会喜欢……"这摆明了根本不想和他见面。桑迪坚持："我绝不会与一个不认识的人介绍的另一个不认识的人出去……我会再打电话的。"

琼妮被桑迪的真诚打动了。他们安排在1954年愚人节这一天见面。桑迪如约来到了琼妮家，可是，接待他的却是琼妮的母亲。琼妮的母亲仔细观察桑迪后，向女儿汇报桑迪的身高、长相等。后来，琼妮告诉桑迪，她躲在她的房间里是想先确定桑迪的身高，再决定是否穿高跟鞋。这样一个总是考虑别人在先、善解人意的女孩，让人感到非常舒服和放松。当这个穿着平底鞋、浑身散发活力的漂亮女孩出现在客厅时，桑迪的心跳似乎瞬间停止。桑迪请琼妮去自由港的怀特坎农酒吧玩儿，琼妮答应了。琼妮不仅美丽、活泼，而且非常健谈、很会讲笑话，她的一切都让桑迪着迷。所谓的一见钟情大抵如此吧，他们一直玩到凌晨3点，桑迪才极不情愿地把琼妮送回家。桑迪很想第二天再约琼妮，但她已经有了别的约会。桑迪不想她再去见别人，可他们也仅见过一面，有什么理由阻止呢？坠入情网的桑迪想了一个狡猾的办法，他把车的敞篷放下来停在她家附近，让对方去接她的时候看到他在等着琼妮。这等于向别人宣誓：他要向所有追求琼妮的人下战书。琼妮不喜欢这种做法，却也在心底泛起了丝丝甜蜜。毕竟，她也很喜欢这个加利福尼亚男孩。

　　整个假期里，他们频繁地约会。假期很快过去了，这时的琼妮还是布鲁克林学院三年级的学生，他们只能在周末相见。两个处于热恋中的人无论在一起多长时间，总觉得不够用。琼妮会到康奈尔参加联欢会，桑迪有时也会开车去她家，这对恋人享受着幸福甜蜜的时光。不久，桑迪去南卡罗来纳州接受训练，预备毕业后成为一名空军军官。在没有现在发达的通讯和网络的情况下，他们只能寄相思于一封封书信中。桑迪意识到，琼妮是一个理想的伴侣，会把自己变成一个更出色的人。每次琼妮给桑迪回信时，都会把桑迪寄去的最后一封信夹在信中，把桑迪拼写错误的单词改过来。

桑迪从新兵训练营回来后不久，他们就订婚了。这对幸福的年轻人计划着第二年6月桑迪毕业之后就马上结婚。然而，琼妮的父母强烈反对这门婚事。他们一点也不喜欢这个又矮又胖的年轻人。他们觉得，这个年轻人没有什么教养，第一次约会就带着自己的女儿玩到半夜才回来。他们认为，一个行为鲁莽、没有文化背景又没有什么追求的男孩，根本配不上自己的女儿。

1955年初，桑迪的父母请未来的亲家到家里吃饭。本来这是一个相互了解、增进感情的机会，可是这个机会因为迈克变成了一个噩梦。桑迪的母亲将烤羊羔烤糊了，本来这没什么大不了的，但迈克当着未来亲家的面大发雷霆，斥责自己的妻子。

琼妮的父母原本就不喜欢桑迪，觉得他是一个行为鲁莽、缺乏教养的人。当他们看到桑迪的父亲后，对桑迪的印象就更坏了：有其父必有其子，父亲如此，这个儿子也好不到哪去。更何况，迈克像一个暴发户一样，不停地炫耀自己的生活多么奢侈，事业如何成功。更为过分的是，在他宣布他将送给他们一辆车作为结婚礼物时，竟提议琼妮的父亲支付给他3000美元。这让琼妮的父亲愤怒了："我不是卖女儿的！"

这次糟糕透顶的见面使琼妮的父亲愈发讨厌桑迪，这种坏印象直到结婚后也没有发生任何变化。

# 第六节　父亲的背叛

> 在一切东西之外，我首先深切地感悟了忠诚和道德在一个人的工作和生活中的重要性。
>
> ——桑迪·威尔

人生永远是悲喜交加的，桑迪和琼妮在享受着恋爱的美好时光，桑迪的家庭却发生了重大的变故。期末考试前，家里的一个朋友跑来告诉桑迪，桑迪的父亲离家出走，和别的女人私奔了。尽管桑迪知道父母的关系不好，但从未想过父亲会选择以这样一种不负责任的方式离开母亲。

桑迪的第一反应是保护母亲，找回父亲。在私人侦探的帮助下，桑迪得知他在华盛顿特区。桑迪和海伦，连夜开车去找父亲，劝他回家。但父亲根本没有想回家的意愿。他找了各种理由为自己开脱。"我很久以来都不愉快，"他说，"你们现在长大了，能够应付这一变故，我该为自己着想了。我这样离开是因为这是不让你们的母亲难堪和伤心的最好方式。"

父亲在子女面前恬不知耻地坦白，他已经和一个叫玛丽安的匈牙利女人来往了两年，甚至透露他曾秘密安排她在剧院坐在他们旁边，好让她审视他们。子女们根本无法说服父亲，最后只能放弃，回到纽约安慰可怜的母亲。

可怜的母亲即使是在自己痛苦万分的时候仍然在想方设法保护自己的子女。为怕影响桑迪考试，她甚至没有打一个电话告诉桑迪发生了什么事。母亲要求子女们"回学校去"。

大学的最后一个学期，桑迪愉快的大学生活蒙上了厚厚的一层阴影。他花费了所有的精力来帮助母亲处理离婚的事情。迈克不但抛弃了妻子，也不想给她任何赔偿。除了布鲁克林的房子，他什么也不想留给自己的结发妻子。他甚至说妻子过得很节俭，因此不需要什么钱，最后给了妻子这栋房子和5万美元。然而，和痛苦的婚姻生活相比，这一切变得微不足道了。母亲同意离婚并终生没有再婚。

桑迪痛恨父亲，怪他没有家庭责任心，自私透顶。他不仅不关心自己的结发妻子，甚至也不管自己的子女。桑迪本想进入他的钢铁进口公司谋求一份工作，现在看来是不可能了。别的父母都在想方设法为子女提供经济上的支持，可这样一个自私、苛刻的父亲，又能希望他为自己做点什么呢？桑迪一生忠于自己的家庭，固然和他与琼妮间深厚的感情有关，也不能说不和他憎恨父亲的所作所为有关。

打击接踵而来，桑迪和琼妮本来计划在桑迪毕业后一周结婚，但令人意外的是，其他同学都在毕业典礼前收到毕业证书，而桑迪收到的却是一张不能毕业的通知。原因很简单，桑迪在父亲出走后为了安慰母亲错过了成本会计课程的期末考试。而桑迪的指导老师告诉桑迪不用担心，他已经修满了足够的学分毕业。这个错误对桑迪而言无异于晴天霹雳。没有毕业证，他将无法到空军任职，这就意味着他将成为无业游民。毕业即失业，未来的岳父岳母会更加看低他，而他和琼妮的婚事很有可能就会告吹。

幸运的是，琼妮没有嫌弃这个差点毕不了业的家伙。琼妮与桑迪在6月结婚了。大约有50人参加了婚礼，桑迪的大学室友兰尼是桑迪的伴郎，妹妹海伦则是琼妮的伴娘。桑迪的父亲没有出席婚礼，更让人啼笑皆非的是，他不参加儿子婚礼的原因是他决定去墨西哥迅速完成再婚，要在儿子结婚的后一天与未婚妻玛丽安结婚。他戏剧化地派来了一名摄影师，这样他自己就能有儿子婚礼的照片了。不过，桑迪的父亲并没有完全忘记自己是个父亲，他按着当初的承诺送了他们结婚礼物：一辆排档装置有点毛病、只能往前开的水星敞篷车。

虽然不喜欢这个女婿，但琼妮的父亲还是尽心为他们操办了婚礼。琼妮的父亲为他们的婚礼提供了5000美元，并让他们决定如何使用。桑迪和琼妮只接受了3500美元。

Sandy Weill

第二章　寻梦

*Sandy Weill*

# 第一节　职业的抉择

把每一个可能的人变成我的客户。

——桑迪·威尔

这对幸福的年轻人度过了两个月的甜蜜时光。婚姻不可能永远在蜜月中，他们开始真正面对生活的艰辛：没有房子，只能住在双方父母家；没有钱，因为夫妻俩一个没找到工作，一个压根就没有毕业，生活的窘迫可想而知。因为琼妮还在布鲁克林学院念书，从桑迪的母亲家去学校更方便一些，桑迪和琼妮每周的工作日与桑迪母亲住在一起。周末，他们则回到琼妮家住。和琼妮的父母住在一起让桑迪感觉不舒服极了。也难怪，这个女婿实在是没法让人满意。父母离异，父亲在儿子结婚时不参加婚礼，反而自己跑去结婚，任何正常的父母都无法接纳这样的家庭。而这个女婿自己也一事无成，大学没能毕业，连个正经工作也没有，他们甚至当着桑迪的面表示出对他的不满。1955年9月，桑迪终于拿到了大学学位，他开始计划加入空军的事情。然而，阴错阳差，桑迪与飞行员这个职业失之交臂了。

中国人讲求成家立业。桑迪虽然成了家，但事业仍没有着

落。桑迪最初的想法是加入空军，但加入空军的路显得那么坎坷。先是桑迪在夏季训练营毁了一架T-33飞行模拟器，这极大地打击了桑迪成为一名飞行员的信心。接着是毕业延迟，他必须等到拿到了毕业证才能加入空军。没过多久，桑迪在接到了空军的报到通知后又无法通过体检。由于桑迪上一次体检已经过去一年多，桑迪被要求先去长岛的米切尔空军基地接受必需的检查。很意外，他没有通过体检，因为桑迪的龋齿需要根槽手术。到1955年秋天，艾森豪威尔政府已经开始裁军，桑迪有了重新选择的机会。慎重考虑后，桑迪决定交回他的空军徽章。命运将这个本想成为飞行员的年轻人推向了华尔街。

在等候毕业的那段时间，桑迪最先找了一份卖《大纽约工业名录》的工作，可是十天里，他只卖出了一本。桑迪无奈辞职了。无事可做，又不想让琼妮的父母轻视，桑迪只好每天按时出门，然后去游戏厅玩游戏。回家后编故事说每天干了些什么。可这毕竟不是长久之计，尽快找一份养家糊口的工作成为他的当务之急。

不当空军了，究竟应该选择一个什么样的职业呢？桑迪很迷茫。一天，当桑迪经过一家名为巴奇的股票经纪公司时，他看到的景象令人兴奋。

大厅里一面是报价机的噼啪声此起彼伏，一面是人们在大声地呼喊："赶快卖掉那支股票！要快！""以1.2美元一股的价格继续买入。""再追加20000股！听到没有？"这样的场面让人热血沸腾，这到底是一个什么样的工作？桑迪不了解股票经纪人，但他却被这样的场景深深地吸引了。

虽然讨厌父亲，但桑迪还是去询问父亲对这个行业的看法。继母玛丽安给了桑迪一个在股票经纪公司工作的机会。她把桑迪介绍给一位朋友，而这位朋友正好是贝尔史登公司的一名经纪人。桑迪有了一份送信人的工作，每个月能挣到150美元。虽然挣得少，但毕竟自己有了工作，不再需要每天假装有工作而四处游荡了。更令桑迪高兴的是，自己有了接触这个行业的机会。

虽然只是一份送信的工作，但桑迪的勤奋认真赢得了大家的认可。很快，他就成了保证金簿记员，这项工作让桑迪了解到了这个行业运作的相关知识，也让桑迪充分了解一个强大的后台办公室的重要性。他每天从经纪人那里接到询问他们的客户有多少钱可以用于投资的电话，再依赖手工计算来匹配股票和根据保险金率计算客户的借款能力。不过，他已经有了接触当初曾让他着迷的"行情室"的机会。看着不断大声向交易员发出各项指示的塞·刘易斯和不停忙碌的交易员们，听着报价机美妙的噼啪声，桑迪迫切想成为他们中的一员。

这时，桑迪接到了空军的报到通知。桑迪犹豫是成为一名飞行员还是成为一名股票经纪人。命运真会捉弄人，当年想成为飞行员却迟迟不能如愿，现在有了一个自己更感兴趣的职业，机会却来了，可这时的桑迪已经不想离开股票经纪行业了。最后，桑迪选择了留在贝尔史登公司。

要留在这里，桑迪是不会满足仅仅当一个保证金簿记员

的，他的愿望是成为一名经纪人。从1955年底到1956年初，桑迪白天努力工作，晚上学习备考经纪人执照。6月，桑迪通过了考试。贝尔史登把这个新经纪人调到了位于华尔街1号的经纪部门。虽然只是一个小小的经纪人，但桑迪感觉自己棒极了，觉得自己已经在经营着自己的公司了。

桑迪非常努力地工作，他把每一个可能的人变成自己的客户。先是周围的朋友，然后是经常光顾的餐馆的侍应生和领班。他每天都与客户通话，了解客户的情况。他的付出慢慢有了回报，他赢得了客户的信任，桑迪的客户中有大概五分之一在餐馆工作。甚至有一天，吉米拉格朗日餐厅的领班竟然将一个价值10万美元的股票账户交给他打理。

当然，不是每一笔交易都能够赚钱，桑迪也曾因买进了错误的股票导致客户亏钱，这让他夜不能寐。甚至因为亏了钱，他不敢去熟悉的餐厅吃饭。不过，桑迪很快掌握了公司的投资研究方法，他开始为客户带来越来越多的收益，成为这些经纪人中的佼佼者。

这期间，琼妮给了桑迪很大的帮助，她不仅鼓励桑迪，还会每天敦促他与客户交流："你今天给某某打电话了吗？一定要跟进！"

1956年9月，这对年轻人终于有了自己的房子，他们在东洛克威租了一套公寓。每月租金135美元是桑迪收入的一半，但不再与父母同住让桑迪的压力减轻了很多。更让他高兴的是，他们有了第一个孩子——儿子马克。父亲的责任感也促使

桑迪更加努力地工作。

1957年，这个初出茅庐的年轻人为公司带来了25000美元的佣金收入，他自己也获得了7500美元。

1958年初，桑迪的一个叔叔鼓励他加入了一家小经纪公司。这家公司真的很小，公司以其所有者弗兰克·拉格朗日命名，只有三个人。但这家公司除了7500美元的底薪外还有利润分红。这就保证了桑迪会有基本收入来维持家庭正常的开销，减少市场风险给家庭带来的影响。

在拉格朗日公司的工作总的来说是令人愉快的。可是，桑迪的投资理念与老板有很大的出入。弗兰克偏爱铁路和糖业股票，桑迪则热衷于购买新兴公司和技术型公司的股票。桑迪喜欢与一位叫汤米·昂特伯格的经纪分析师一起探讨附近公司的股票。汤米·昂特伯格成了桑迪的好朋友，他甚至会睡在桑迪家，以便第二天两人能早起研究股票。而桑迪的老板弗兰克·拉格朗日不允许桑迪与技术股分析师朋友们黏在一起，他不断要求桑迪关注更稳健的公司。他甚至不允许桑迪抽烟，理由是他妻子不喜欢他衬衫上的烟味。但这些都不重要，最要命的是，当初桑迪离开贝尔史登是因为股票市场行情不好，事实上1958年股市出现了大面积复苏，市场全年上涨了34%，桑迪本以为能够得到分红，可拉格朗日却声称没有利润。他的言而无信使桑迪无法再相信他并与其共事。

## 第二节　可爱的塔比

> 多年来，企业忠诚似乎已经过时。但我一生都相信，当员工仅仅把公司看作工作场所的时候，公司就会遭殃。企业领导人发展能够凝聚员工的个人关系的能力越强，公司就越受益。
>
> ——桑迪·威尔

桑迪的出色表现为他赢得了新的机会，伯纳姆公司的销售经理找到了他，说服他跳槽。他不断地游说桑迪："你有权力选择你认为赚钱的股票，公司不会干预你的决定。伯纳姆会让你感觉到，我们是一家人。""公司会给你所需要的一切支持，我敢保证，以你的能力，你赚的会是现在的三倍。"

桑迪来到了伯纳姆，这真是一个非常不错的地方。公司给了桑迪足够的发展空间，也让桑迪身心愉快地工作，桑迪如鱼得水。1959年，凭借着出色的业绩，他为自己赚到了25000美元，远远超出了预定的目标。桑迪毫无疑问已经成为了当时零售经纪人中的精英。

桑迪和琼妮的生活也变得更加幸福。他们有了第二个孩子——女儿杰西卡。像传统的犹太家庭一样，桑迪在外面工作，琼妮在家照顾马克和杰西卡。桑迪在伯纳姆公司的成功使琼妮和桑迪的生活条件得到了改善，他们搬进了一套更大一些的有两个卧室的公寓。虽然没有来自父母的经济支持，但这对年轻人凭借自己的努力为自己挣得了立足之地。

在这里，我们要说说一个人，伯纳姆公司的创始人I·W·伯纳姆。事实上，桑迪在伯纳姆工作的时间并不长，但塔比教给桑迪的东西却令他受益终身。

"塔比"是伯纳姆先生的绰号，这个词的中文意思是"圆桶状的"。事实上他确实胖得像个圆桶，这个绰号真是名副其实。塔比1935年创立了伯纳姆公司，这家公司已经有了25年的历史。作为一个企业而言，存在25年并没有什么稀奇，世界上多的是有着百年历史的企业，但这是桑迪第·次亲身在这样的公司工作。我们知道，桑迪的父亲迈克的公司从来没有维持5年以上，那些都是短命的公司，因此，伯纳姆让桑迪认识到，企业要想得到长久的发展，一定要有某些超越个人的东西。

塔比教会了桑迪在公司经营中非常重要的东西：作为一个领导者，必须要学会尊重和珍视员工。虽然这只是个有50人的小公司，但他每天都会在公司里不停地巡视，询问员工有什么看法。他经常会把自己的零售经验毫无保留地与那些年轻的员工一起分享，帮助他们尽快地成长起来。就像对待桑迪一样，他让每一位员工都能认识到自己的重要性。塔比对待他的员工

确实像对待家人一样。例如桑迪，当他想他创建自己的公司时，第一个想到的是可以向塔比寻求支持。他也把塔比的成就当作自己要实现的目标。我们看到，桑迪在他的职业生涯中，无论是最初的那个小公司，还是到后来的花旗集团，他都一直在努力践行着从塔比那里学到的一切。

# 第三节　草台班子

> 金钱应该是第二位的——对我而言更重要的是建立一家伟大的公司；一家领导行业潮流、雇用大量员工、经久不衰并且备受尊敬的公司。
>
> ——桑迪·威尔

1959年，伯纳姆公司迎来了它25岁的生日。伯纳姆的成立庆典刺激了桑迪，这是每个年轻人梦想中的成功一刻。他燃起了希望之火："我也要创建自己的公司！"

尽管桑迪在伯纳姆工作得非常愉快，但这没有让桑迪放弃创建自己公司的想法。可是，凭借他自身的财力，成立自己的公司变得遥遥无期。

桑迪有一个比他大一岁的朋友——亚瑟。亚瑟毕业于布朗大学，主修法语和音乐，是一个多才多艺、非常聪明的人。亚瑟喜欢尝试新事物，他曾想当一名古典钢琴家，后来又想成为一名投资银行家。遇到桑迪后，他们有了一个共同的想法——创建自己的公司。

亚瑟和桑迪都住在东洛克威公寓。亚瑟一家比桑迪家早搬来一个月。两家人年龄相近，又是门对门的邻居，他们很快成了好朋友。尤其是桑迪和亚瑟。两人喜欢一起谈论股市，一起交流各自对公司、经纪业和股票的研究结果。两个年轻人甚至在构想如何建立自己的公司、要建一个什么样的公司。

当桑迪在伯纳姆工作时，亚瑟选择了离开莱曼兄弟，去达特茅斯读MBA。在他读书期间，桑迪负责为亚瑟管理账户，而亚瑟也经常和桑迪探讨哪支股票值得购买，哪支股票更有潜力。他们一起研究并合伙购买股票，两人合作得非常愉快。

拿到学位后，亚瑟在一家投资银行工作了一段时间，但他不喜欢这份工作，他更想创建自己的公司。而这时的桑迪，在伯纳姆公司取得了骄人的业绩，这极大增强了他的自信，他觉得自己创建公司的时机到了。两人一拍即合，开始筹划自己的创业大计。

桑迪有自己的想法，如果成功了，他就自己当老板了。一旦失败，最坏的结局就是回到伯纳姆公司，塔比会愿意接纳自己的。

创建自己的公司，是很多年轻人的梦想。但仅有热情是不够的，要把梦想变成现实还有很长的路要走。桑迪后来在自己的自传中写下了这样一段话："做一个现实的梦想家。我妻子称我为现实的梦想家，因为我着眼于大局，以建立一家伟大而经久不衰的公司为目标，同时又清醒地认识到成功只能靠一步步积累。"确实，一步登天是不切实际的，每次迈开一小步，踏踏实实地走下去，才能真正登上事业的巅峰。

桑迪成功的第一步即将迈开，但这必须有足够的资本。桑迪不能指望父亲给予自己任何支持，更不敢奢望岳父能相信自己的投资能力。亚瑟也没有足够的资本，但亚瑟有一个有钱的岳父彼得·施韦策，他是一名生产卷烟纸的企业家。桑迪和亚瑟找到了他，将他们的创业计划告诉了施韦策以寻求他在资金上的支持。施韦策虽然没有反对，却提出了自己的建议。他告诉桑迪和亚瑟，以他们现在的实力，又没有足够的客户，是无法撑起一个公司的。施韦策建议他们再找几个合伙人，增加公司的财力。

亚瑟找了自己的一个朋友罗杰·伯林德，他是华尔街伊斯门狄龙公司的一名经纪人。罗杰也正有此打算，三人一拍即合。罗杰又推荐了自己在伊斯门公司的同事彼得·波托马。彼得的岳父是出版巨头乔治·德拉科，他不仅有雄厚的财力，而且有广泛的人脉，这正是这些年轻人所急需的。

1958—1959年这段时间，正是美国股市迎来了又一波牛市。道琼斯工业平均指数在1958—1959年间上涨了50%多，一路涨至680点。财运来了挡也挡不住，似乎无论买什么股票人们都能赚到钱。桑迪和伙伴们看到了自己投资带来的巨大效益，他们觉得自己是格外聪明的人。这些年轻的股票经纪人似乎忘记了自己所处的大好形势，认为他们能够赚钱，完全是因为他们的聪明才智。这群初生牛犊开始张罗成立公司的具体事宜。

草台班子搭起来了，亚瑟去找他的岳父，请求他帮他们在纽约股票交易所买一个席位，这样公司就能够运转起来了。他们也开始积极筹措资金，四个人商定，从各自的积蓄中拿出全部能够拿出的钱。桑迪和琼妮没有家庭的支持，他们破釜沉舟，拿出了全部积蓄30000美元，只留了1000美元应急用。

施韦策一开始态度是积极的。桑迪他们很快签了一份合同，只要能在两周内筹集到购买席位的16万美元，他们的生意就算开张了。然而，施韦策突然变卦了，也许是疲软的市场让施韦策先生不敢轻易投资，也许是他从骨子里无法真正相信这四个毛头小伙，他说什么也不愿意投资了。

合同已经签完了，四个人也已经递出了辞呈。如果没有办法筹措到购买席位的钱，他们就要赔上一大笔钱。四个年轻人无计可施，不得不考虑要卖掉席位，过一两年之后筹到足够的钱再说。就在他们陷入绝境的时候，彼得妻子的娘家、罗杰的母亲以及桑迪的母亲给予他们足够的支持，决定出资帮他们购买席位。

彼得的妻子家庭条件非常好，帮助彼得筹集他的初始投资一点问题也没有。桑迪却不同，桑迪母亲给了他们30000美元。桑迪父母离婚时，桑迪父亲只给了妻子50000美元，这些

钱是她离婚后全部财产的60%。她不懂股票，甚至也不知道什么是席位，但她愿意相信并全力支持儿子。

他们一共筹集了25万美元，这些钱不仅能够购买交易所席位，余下的钱还能支付办公开销和其他运营成本。每个合伙人实际拿出的钱虽然是不一样的，但四人决定每人拥有相等的股份。他们给自己付的薪水很低，第一年每人的薪水是12500美元。他们要节省每一分钱用于再次投资。钱不是用来挥霍的，而是用来创造新的价值的。

对于桑迪而言，当老板后的薪水反而少了，只相当于他在伯纳姆公司得到的报酬的一半。但他一点也不介意，能够在自己的公司工作才真正令他感到自豪。琼妮也非常支持桑迪，愿意省吃俭用，将他们的每一分积蓄投入公司。当桑迪的许多朋友纷纷把积攒下来的钱用在长岛北部海滨购置他们的第一所房子时，桑迪和琼妮却搬入南部海滨的中产阶级社区的一所租住的花园公寓。

新公司开业的时机并不好。在开业前期，股市出现了问题。1960年，股指一路下跌。他们认识的所有人都质疑他们，力劝他们暂时放弃新公司的开业。亚瑟的父亲甚至毫不客气地问："你们是什么人，居然认为你们能够成功？"然而，现在谁也不想后退，他们愿意为自己的未来拼搏一回。

这些年轻人在仔细分析了未来的成本和盈利所需的佣金水平之后得出结论：风险并不像人们想象的那么大，他们完全有能力获得相当大的利润。塔比·伯纳姆真是一个令人尊敬的长者，他给予了曾经的部下最大限度的支持，他愿意让伯纳姆公司为他们处理交易，这也让他们信心倍增。

1960年5月2日，在华尔街37号一间没有任何装修的小办公室里，以这四个年轻人的名字命名的卡特-伯林德-波托马-威尔公司开业了。第一天，这个公司的四个老板和一个新雇来的秘书一起开始工作了。他们给每一个认识的客户打电话，向他们宣传自己的新公司。这些当时都是20多岁的年轻人实在太年轻了，以至于彼得·波托马建议道："我们是不是应该去买帽子和黑雨伞，好让我们看上去年长一些？"他们拼命地工作着，拜访曾经的客户、寻找新客户、向客户推销自己。每个人心中都燃烧着一团火，希望这团火能点燃自己生命中新的希望。

每天报价机的声音都在催促他们更努力地工作。一旦报价机的声音小了，就意味着交易量少或者股票价格下跌。这些年轻人知道，他们要加倍努力联系客户了，这样才能获得生意。他们尝试着和各家公司建立关系，梦想着有朝一日自己能有一笔投资银行业务。

桑迪后来在总结自己的商业成功经验时，第一条就是"在其他人遭遇失败的时候获得成功"。也许是创业太艰难了，在桑迪的人生中，从未害怕过变化，他将每一次变化都看成机遇，所以他的公司往往能够在行业面临压力时灵活多变。桑迪后来的很多次成功收购都是反向投资。

1960年，肯尼迪当选为美国总统。新总统上台给美国经

济吃了一颗定心丸，道琼斯指数一路上扬。1960年底，股市反弹了7%，到1961年底，道琼斯指数已经比大选前的最低点高出了27%，创下了历史新高。在股市的回暖中，这家以四个小伙子的名字命名的公司也迎来了更快的发展。卡特-伯林德-波托马-威尔公司像这些年富力强的年轻人一样快速地发展。1961年初，公司的月收入上升到34000美元，整个1961年，公司的年利润达到了33.6万美元。这些小伙子决定给自己加薪，把每个人的年薪涨到了18600美元。

四个人的合作非常顺利。哪些公司可能对融资感兴趣，哪些公司需要有人为他们提供收购咨询，这些业务由阿瑟负责。桑迪和罗杰还有彼得负责零售业务。如果说罗杰和彼得还能够运用那些家庭关系寻找客户，桑迪就只有依靠自己去寻找了。我们也许还记得那个最初从事销售的桑迪，那个把自己常去的餐厅里的领班和侍应生都变成自己客户的人，凭借着自己的热情和推销技巧，已经拥有了150—200个客户。这些客户都是完全靠打电话和客户相互之间的介绍而获得的。没有人知道哪个关系可能会带来什么样的机会。事实上，桑迪的很多大客户，包括我们后来将要提到的拳王阿里，都是由其他人介绍的。

这个能干的年轻人每天不是盯着报价机查看股票价格就是给客户打电话，再就是研究新的投资方案。四个合伙人也在相互督促、相互竞争。四个人每周末都搞一次周末晚餐，在一起争论公司的发展，指责别人的工作不够努力，甚至互相批评。就是在这种竞争的环境中，每个人的能力都得到了更大的提升。

　　两年的时间过去了。这个华尔街上的另类公司终于为自己赢得了一席之地。当年那对租房子度日的年轻夫妇在长岛的北部海滨也买下了自己的新房子，这是真正意义上的富人区，是纽约地价最昂贵的地区。

# 第四节　彼得的流失

　　声誉风险和其他形式的商业风险一样重要。

　　　　　　　　　　　　　　——桑迪·威尔

　　这一段时间，公司出现了麻烦。问题源于公司的一个合伙人——彼得·波托马。其实，彼得在很长时间前就出现问题了，但当时大家并没有认识到问题的严重性。彼得经常没有任何理由地消失，几天后又出现了。彼得的行为变得越来越不检点，甚至有一次，他衣衫不整地到公司来上班，一只眼睛还被打青了。其他合伙人虽然也提醒他要注意自己的行为，但他似乎没有任何改变。他的行为不端已经不单纯地体现在生活上，工作上也开始不守规矩，他甚至擅自为妻子的账户进行交易。1962年初，彼得因为这件事被证券交易委员会调查。秋天到了，彼得事业上的秋天也来临了。他接受证券委员会的询问，但他毫无悔意。10月，因为不当经营自由账户和违反保证金规定两项罪名，彼得被暂停从业资格一年。

对彼得的行为最先做出反应的是阿瑟，他要求将彼得从公司开除出去，这个提议获得了大家的认可。因为彼得的罪名一旦成立，将会对公司的名誉产生非常坏的影响。要知道，公司的业务是为客户打理股票账户，这要求公司有着良好的信誉。信誉度直接影响着公司的业务，况且信誉一旦被破坏，就需要相当长的时间才能重新建立起来，有时候甚至是永远也无法建立的。他们能够赢得业务完全是凭借客户对他们的信任。一旦客户觉得他们中有人人品有问题，就没有人敢把股票交给他们来打理了。虽然彼得是公司的创始人之一，曾为公司的发展立下了汗马功劳，但他的行为危及公司的发展，于是其他合伙人坚决要求他离开。

彼得的离开给公司带来了很大的影响。彼得本人不仅是最大的出资人，还为公司带来了最大的利润，公司收入的三分之一是彼得赚来的。彼得的离开意味着大量客户的流失，而此时，美国股市正经历着熊市。在双重压力下，公司发展出现了停滞。

事实证明，让彼得离开虽然在当时损失巨大，但从公司的发展来看，却是值得的。彼得离开后，再也没有和这些合作伙伴们联系。几年后，他的律师找到了桑迪和阿瑟寻求帮助。彼得被捕了，原因是他在离婚后交了一个女朋友，争执中暴躁的彼得开枪打死了她。这时的彼得混得太惨了，他甚至没钱交保

释金，不得不找这些多年没有来往的曾经的合伙人帮忙。桑迪和阿瑟拒绝了他，不久，彼得去世了。

# 第五节　商机无限

我从来不害怕聘用聪明人。

——桑迪·威尔

彼得走了，必须要有人取代他。这时，阿瑟的岳父向他们推荐了一个人——小阿瑟·利维特。他虽然没有任何推销股票的经验，可是他擅长推销。桑迪他们录用了这个推销天才，并在他取得证券执照后，给了他公司5%的股份，让他成为合伙人。桑迪他们发现，小阿瑟比他们想象的还要厉害，他不仅有高超的推销技巧，更有强大的人脉。小阿瑟的父亲曾担任过二十多年的州审计员，有自己的事务所。凭借父亲的关系，小阿瑟认识了很多有钱人，这让他如虎添翼。很快，小阿瑟就为公司争取到了市政债券的承销和零售业务。

股市走出了低谷，公司迎来了更好的发展机会。然而，这没有让他们松一口气，他们开始审视公司的经营模式。如何才能在下一次的熊市中减少损失？这些年轻人意识到过去的公司经营太依赖某一个人或一种业务了。一旦这个人或这项业务

花旗银行的旗手桑迪·威尔

出现了问题，公司马上就陷入了困境。他们决定要拓宽商业模式，开展机构业务成为公司新的选择。

什么是机构业务？我们稍稍解释一下。我们知道，桑迪的公司过去代理的股票，都是个人的业务，也就是为个人买卖股票。20世纪50年代时，很多公司不愿意把资金过多地投入到股票上。但随着股市近10年的上涨，越来越多的公司愿意把资金投入到股市中，或把自己的股票卖给大机构，由他们进行操作。通俗地解释，为大公司买卖股票或投资股市，就是机构业务。这类似于我们今天非常熟悉的基金业务。

桑迪他们选择机构业务的时机非常好，60年代正是资金大量涌入股市的时候，经营机构业务，为公司带来了新的商机。

确定了新的经营方向后，这些年轻人马上着手工作：一是聘请新的推销人员，二是建立了专业投资研究部门。

首先是聘请推销人员，1965年，公司有了大约30名员工，包括15名推销员和6名分析师。

除了寻找新的业务，他们也在寻找优秀的人才。只要有能力，他们不问出身，不问学历，大胆地聘用人才。在60年代，华尔街仍是一个种族主义盛行的地方，很多大的公司在用人时，会以种族或宗教标准衡量是否录用。而新兴的公司在用人上的一个最大的特点是任人唯贤，英雄不问出处。

在早期和中期的推销员中，布里恩·默里曾是负责机构业务销售的，后来自己当了老板。爱德·奈特曾经是装饰工，后来加入了研究部，他挑选保险股票的能力远远超过了装饰房间的能力。还有卡尔·弗雷德里克斯，他是公司的第一个研究主管，他为公司训练出一批优秀的研究分析师。

他们中有一位叫克拉伦斯·琼斯的，是公司聘用的华尔街第一位非洲裔美籍合伙人。克拉伦斯曾是一名律师，他是大名鼎鼎的小马丁·路德·金博士的演讲撰稿人。克拉伦斯最初并没想加入公司，1964年他请桑迪他们为一家新的面向少数民族的人寿保险公司销售股票。桑迪他们最初答应了他，但后来又退出了。克拉伦斯一怒之下，离开律师行业，自己到证券委员会注册，自己聘请营销人员，准备自己发行股票。凭借着高超的推销技巧和优质的客户服务，克拉伦斯成功了。一天，他来到了桑迪的办公室，向桑迪他们炫耀自己的成功："我想告诉你们，当初你们不肯支持我，实在是大错特错。你们将丧失一大片面向少数民族的市场。"阿瑟·利维特郑重地向克拉伦斯鞠躬，桑迪则承认："我过去不了解你有多聪明，你显然入错了行。"阿瑟和桑迪的勇于承认错误的态度获得了克拉伦斯的认可，双方成了好朋友。在之后的两年里，阿瑟和桑迪不断游说克拉伦斯加入公司。两年后，克拉伦斯成为了公司的合伙人。

还有一位是马歇尔·科根，他在这些人中是最出色的。马歇尔是哈佛商学院的毕业生，他最初加入公司，是想做分析师，主要负责汽车和汽车零部件公司的股票。可他逐渐发现，他更擅长的不是研究股票，而是推销自己的研究观点。于是，他的工作重心很快转移到了销售上。他真是一个天才的推销员，3个月内，他就为公司赢得了一大批订单。这段时间正是公司发展机构业务的时期，马歇尔尤其擅长推销机构业务。他和波士顿的五六个投资经理的关系非常好，也和富达公司的内德·约翰逊交情不错，他会向他们征集订单。很快，他为公司带来了巨大的业务量。

时间推移到了1966年。美国股市迎来了新的飞速发展的时期。美国股市连续3年里增长率呈两位数，平均日交易量接近700万股。短短的5年里，机构持有的股票翻了一番，最受宠的股票的价格通常达到了40到50倍的市盈率。也就是说，如果你花了10000美元购买股票，你能赚25000美元。而这时，联合企业受到人们的认可，投资者愿意相信如果公司能够实现高度的多样化经营，这个企业的可信度就高。因而，这样公司的股票价值就会提高。

马歇尔在这个市场里如鱼得水。他很快与当时一些最大的联合企业家建立了联系。这使得公司有机会接触到了股票的发行业务，并且开始交易巨额股票。

马歇尔每天在不停地忙碌着，他的推销技巧令人惊叹。马歇经常用大号字把自己关于股票的想法写在纸条上，然后贴到墙上。当他和客户谈话时，他可以随时在墙上找到这些想法，作为讨论股票时的参考。一天，桑迪和阿瑟他们听到马歇尔在劝他的客户重新分配手中的汽车股票。突然，马歇尔的助理走进大办公室，告诉交易员出售2万股福特的股票。几分钟后，又告诉交易员要买进3万股克莱斯勒的股票。大宗的交易竟在几分钟内频繁发生了。这让桑迪和阿瑟一时间无法接受，桑迪不得不要求他回去确认他是否拥有订单权。当然，虽然承担着高风险，但马歇尔还是把机构业务推向了新的高度。仅仅一年的时间，他就拥有了公司的初级股票权益。

# 第六节　相　知

直觉是培养的，不是天生的。

——桑迪·威尔

1964年，桑迪遇到了人生另一位导师——桑尼·韦伯林。桑尼曾是美国音乐公司的创始人和高层管理者，后来自己创办了美国橄榄球联盟。他自己也拥有一支橄榄球队——纽约巨人队（纽约喷气机队的前身）。桑迪毕业后，始终和皮克斯基尔军事学校有联系。一天，桑迪回到母校时，正赶上纽约喷气机队在那里的运动场训练，两人相识了。桑尼和桑迪互相欣赏，成为了真正意义上的朋友。

桑迪是朋友，也是一个不错的客户。我们知道，公司的大部分面向高级客户的业务与桑迪无关。阿瑟也好，马歇尔也好，他们的家庭本身都很富有，都有自己的圈子，这一切为他们赢得了很多有钱的客户。桑迪不同，他的客户更多是通过打

和创造世界名牌的人

一起放飞梦想

Let the dream fly

电话或客户介绍获得的。我们知道，桑迪最早从事股票推销时，客户中有很多是他常去用餐的餐馆的服务生和领班。桑迪正苦于没有接触高级客户的机会，桑尼给了他这样的机会。桑尼把桑迪介绍给他的名人朋友们，这些人包括约翰尼·卡森、鲍比·萨尔诺夫，还有一些体育明星和球队的老板，甚至霍华德·克塞尔和拳王阿里都成为了桑迪的客户。

一天，克塞尔和阿里一起来到了公司，所有的人都惊呆了，他们怎么也想不到，阿里竟然能够成为他们这样一个名不见经传的小公司的客户。最有意思的是，克塞尔把阿里带到了克拉伦斯的面前，告诉阿里："这是克拉伦斯，他是华尔街唯一的黑人合伙人。他是一个非常聪明的小伙子。"风趣的阿里则说："哦，你没有我聪明。你不能打拳，让我看看你的本事吧！"能为阿里这样的人服务，真是让所有人感到无比自豪，这意味着公司获得了越来越多人的认可。

桑迪开始和许多运动员建立了关系，他们有的成了桑迪的客户，有的则成了桑迪的员工。比如比利·马西斯，他是喷气机队的后卫。一年夏天，当桑迪在训练场上和马西斯闲聊时，他建议马西斯退役后到他的公司来工作。果然，几年后，当马西斯离开橄榄球队后，他开始到桑迪的公司工作。他又把比尔·布拉德利、乔·纳马思和罗德·吉尔伯特等人介绍给了桑迪。

桑尼不仅给桑迪带来了优质的客户资源，还教给了桑迪更重要的东西——创新思维。无数个夜晚，两人在一起喝酒聊

天时，他都告诉桑迪："运用创造性的思维并大胆想象，不要害怕承担风险。"也许桑迪在当时并没有意识到这对他有多重要，但当桑迪成为公司真正意义上的领导者之后，他逐渐感受到了桑尼灌输给他的创新性思维的重要性。无论是和运通的合并还是后来和花旗的合并，桑迪都做到了想别人不敢想、为别人不敢为。

从桑尼身上，桑迪真正地领悟到，公司的领导者必须是一个战略家，要有超前的眼光。死抱着损益表斤斤计较眼前经济利益，是无法带领公司走在行业的前面的。

不仅是学习，桑迪还运用了突破性思维。公司有一个分析师，叫爱德·奈特。他发现保险业有很多剩余资本，如果有公司愿意收购这样的保险公司，那么这些保险公司的剩余资本将得到充分的利用。从目前的情况看，保险公司的股票价值偏低了。他将自己的观点写成了一份报告，并向客户推销。阿瑟·卡特找到了索尔·斯坦伯格，他是一家名为里斯科的计算机租赁公司的CEO。斯坦伯格敏锐地感觉到这是一个好机会。只要收购一家保险公司，就可以利用保险公司大量的剩余资本来为自己的租赁业务提供资金，这真是太好了。他看中了一家费城老牌的保险公司——诚信保险。斯坦伯格的收购被很多人质疑，一方面是很多人怀疑其可行性；另一方面人们也在质疑，此时的卡特-伯林德-威尔只不过是一家名不见经传的小公司，凭什么执行这么大规模的收购？斯坦伯格的坚持赢得了这次收购，而卡特-伯林德-威尔公司为此获得了高达75万

美元的咨询费。当所有人都在为这75万美元的咨询费欢欣鼓舞时，桑迪却沉默了。这虽然是笔可观的收入，可是和斯坦伯格从收购中获得的利益相比，简直就是九牛一毛。"既然我们知道收购可以这样赚钱，那我们为什么不自己收购呢？"桑迪突然萌发了这样的想法。桑迪开始考虑公司的新的发展思路：要从为别人寻找商机转变为自己收购。

# 第七节　洗　牌

选择值得信任和思维相近的合作伙伴。

——桑迪·威尔

这个公司最初的实际领导人并不是桑迪，而是阿瑟·卡特。

平心而论，阿瑟有着出众的能力。加入公司两年，他为公司带来的佣金与桑迪和罗杰加在一起一样多，可是他只拥有和他们同等的股份。他以前很少接触证券业，但善于学习，在很短的时间内掌握了证券业的基本知识。他沟通能力强，在吸引富有的投资者方面取得了成效。然而，阿瑟个性中的缺点和他的能力一样突出：性格急躁，脾气很大，合作伙伴和下属都惧怕他。

首先是自己的合作伙伴。公司的几位创始人名义上是平等的股东，但在很长的时间内，阿瑟是公司的主要决策者。然而，他对伙伴的尊重越来越少，要求越来越多。原来每周末的晚餐，是这些合作者们探讨工作的时间，但逐渐变成了阿瑟一个人主导整个谈话。他经常批评合作伙伴们，指责罗杰的佣金收入少或斥责别人干活少。他对待桑迪的态度，甚至让桑迪害怕去办公室，一去办公室就会胃痉挛。

对待员工就更是如此了，他的秘书每天都会被训哭。一次，公司一名年薪12000美元的分析师向阿瑟申请聘请一名年薪5000美元的助手。把这名分析师训斥一顿后，阿瑟出乎意料地同意了。但当这名员工转身离开的时候，阿瑟又一次出乎意料地说："你可以有助手，但你的年薪现在是7000美元。"

然而，这些虽然让合作伙伴和下属感觉不快，但大家对他的能力还是认同的。不过，公司的成功使阿瑟越来越自大，控制欲也越来越强。他想一个人控制公司，对合作伙伴的尊重也越来越少。

更为重要的是，他越来越独断专行，并且学会了耍手段。为了改变公司权力的平衡，他吸纳了一位名叫肯尼·罗森的朋友，让他从事投资银行业务。这让其他合伙人感觉非常不舒服。到了1968年，事情变得越来越糟糕。2月，阿瑟单独约见了桑迪，提出要减少罗杰的股份。为了获取桑迪的支持，他许诺要把罗杰的股份和桑迪平分。桑迪觉得阿瑟已经为了牟取个人利益不择手段了。同时，桑迪也意识到，如果阿瑟可以这

样对待罗杰，那么将来也会这样对待自己。

桑迪旗帜鲜明地反对阿瑟的计划。他劝说阿瑟不能这样对待自己的合作伙伴。阿瑟未置可否，在很长时间内不再提起这件事。桑迪很担心阿瑟的这一想法，也害怕阿瑟会报复自己。可是阿瑟似乎忘记了这件事，到了夏天，他去了长岛度假。8月，事情进一步恶化了。一个周六，他们的另一个合伙人阿瑟·利维特请桑迪夫妇共进晚餐。阿瑟·利维特告诉桑迪一个更坏的消息。阿瑟·卡特向阿瑟·利维特提出了减少罗杰股份的计划，同时，他还提出要减少桑迪的股份。阿瑟·利维特和桑迪一样也意识到，如果他同意的阿瑟的提议，也许下一个被排挤掉的就是他了。

桑迪和阿瑟·利维特都意识到阿瑟已经和他们离心离德了。如果不想被阿瑟挤出公司，他们必须联合起来赶走阿瑟。周一早上，利维特在特别董事会议上，公开了阿瑟的提议并提议对阿瑟争夺控制权的计划投决定性的反对票。利维特接着要求休会，直到下午3点。重新开会时，利维特提出："我们要求你在6点前辞职。如果你同意，我们会准许你自己写新闻发言稿；否则，我们会向媒体宣布解雇你。"这个开会时间选择的非常有意思，这样一来，阿瑟只有一个小时的时间做出选择。无奈之下，他最终选择了离开。

阿瑟离开了公司并建立了自己的新公司。他后来投资制造业、出版业、房地产和公共事业企业。阿瑟离开后，公司面临着要选择新的公司领导。几个合伙人酝酿着新的CEO人选，可是他们无一能够担当起这样的责任。马歇尔想取代卡特，但他缺乏管理才能。虽然他是一个天才的推销员，却无法成为一个合格的领导者。桑迪害怕承担管理公司的责任，他从内心里不想成为领导者。利维特擅长推销，但他缺乏必要的财务知识，而罗杰性格太过温和，缺乏领导必需的决断性。

周末的晚餐仍在继续，大家要推选一位CEO。马歇尔建议肯尼·比亚尔金离开律师事务所到公司担任CEO，但肯尼不愿意放弃他在事务所的工作。在一次争吵中，利维特对马歇尔说："马歇尔，我们不能选你，因为你名声不好。太多的人认为你很狡猾，不信任你。"马歇尔则说："阿瑟，你太圆滑了，哪怕你有一点主见，你都会是个危险人物。"权衡利弊后，大家推选罗杰担任CEO。原因很简单，因为罗杰性格温和，他无法成为真正的领导者，几个合伙人对他都有不小的影响力，能够制衡他。也许罗杰并不是一个合格的领导者，但在大家对阿瑟的专断反感透顶的情况下，更愿意推选一位无法真正掌握实权的领导者。这是当时最好的一个选择。

CEO的问题刚刚解决完，新的问题又来了。一天，公司的一个高级经理唐·沙格林告诉桑迪，他和其他三个重要的管理人员打算一同辞职，去购买一家小经纪公司。桑迪感觉愤怒极了，他是一个极其看重个人忠诚的人，他觉得这是赤裸裸的背叛。可是，回过头想一下，又有哪个人不想自己当老板呢？自己在年轻时不也一直梦想着能够当老板吗？如果唐没有告诉他这件事，而是选择四个人同时辞职的话，那么公司将会一下子

损失掉负责研究和投资银行部的主管和两名高级销售管理人员。这对公司的影响太大了，当年彼得离开时，曾给公司造成了巨大的损失，如果不想让这些年轻人离去，必须要想一个好办法。桑迪想到，这些年轻人也许并不是真的想离开，他们更想要的是股份。如果不想他们离开，就应该给他们股份，让他们真正感觉到自己是老板。桑迪提出，允许他们四人分别购买公司5%的股份。这样，公司的中层管理者中有25人拥有公司股份了，这个份额达到了40%-50%。这一招果然奏效，公司的精英得以保存。

桑迪最初想到员工持股，只是为了解决高管的离职问题，但随着公司的发展，桑迪逐渐把员工持股变成了企业文化的一部分。桑迪慢慢发现，用股票奖励员工并鼓励他们继续持股是凝聚管理人员、激励合作的有效方式。桑迪在自传中畅谈自己的商业成功经验时就强调要"一起学习，一起战斗"、"使员工持股深入到员工的广大基层，并要求高层管理人员持有大部分股票直到退休"。这一计划基本解决了困扰许多公司的难题。

*Sandy Weill*

第三章　追　梦

*Sandy Weill*

8年的时间过去了，当年那个华尔街上默默无闻的小公司已经在华尔街上站稳了脚跟。这个公司已经开始与业内巨头竞争了。1965年，公司由合伙制模式改组为股份制模式。这些人在等待着有一天纽约股票交易所能够允许公众持股证券公司。这样，一旦纽约股票交易所允许他们的公司上市，他们就可以迈上新的台阶了。

# 第一节　后台办公室

> 我反复强调干得"不错"是不够的，我们不能停滞不前，否则就会失去竞争力。如果我们想建立一家卓越的公司，跟在其他公司后面或埋怨行业环境为自己的不足找借口是无法实现目标的。
>
> ——桑迪·威尔

随着马歇尔给公司带来越来越多的业务，客户中投资银行客户的比例在增加，公司的风险也在增加。这一切引起了清算代理商伯纳姆公司的关注。

我们知道，塔比和桑迪一直保持着深厚的友谊，而塔比的伯纳姆公司也在负责着桑迪公司的清算服务，在公司的发

展方面发挥了重要作用。然而，随着公司的发展，桑迪CBWL（1969年原来的卡特－伯林德－威尔公司改名为CBWL）的交易量已经超过了伯纳姆公司的交易量。这不是一家公司问题，实际上，在60年代末美国股市快速发展的时期，随着证券业的交易量猛增，很多公司都面临着没有足够的能力处理客户订单的困难。按照规定，每一笔交易都要经过清算公司，这让伯纳姆公司已经吃不消了。另一方面，公司业务的迅速扩展也使交易的质量变得良莠不齐，甚至有一些交易被证券交易委员会调查。CBWL业务的扩展，使得伯纳姆的经营风险在迅速扩大，这让塔比和他的合伙人感到不安。塔比虽然尽了最大的努力调节两家公司的关系，但无法从根本上改变问题。无奈之下，1969年底，塔比找到桑迪，要求CBWL增加固定成本并分配更多的资本。只有这样，伯纳姆的股东们才愿意支持CBWL业务的增长。桑迪只好请求塔比，给他一年的时间另想办法。可是有什么办法可想呢？CBWL是依赖于第三方清算公司最大的经纪公司之一。如果伯纳姆不愿意为其提供清算服务，那么就没有公司可能为他们提供清算了，除非自己做清算。对，为什么不自己购买或建立一个后台办公室，自己做清算呢？虽说这样做会加大公司的负担，可是要想有更大的业务量，必须要这么做。

说干就干，他们立即卷起袖子准备建立后台办公室。后台办公室可不同于销售工作，这需要有具备独特技能的管理人员。他们找到了古德伯迪经纪公司的第二大运营官弗兰克·扎布。弗兰克一直很希望自己独自领导一个部门，这里满足了他的愿望，他立刻着手评估可行性、设计和筹建运营部门并招兵买马。随后在阿瑟·利维特的主持下，公司打破了以往不向外部寻求资金的惯例，通过两次私募筹集到了300万美元。他们还招聘了一批数据处理人员和会计，并从RCA租来了软件并在华尔街100号租了两层楼用来放置新计算机和设立存放证券的金库。到了年底，装备了最新技术设备的新后台办公室正式启用。CBWL终于赶在将清算业务从伯纳姆公司移交过来的最后期限前建立了自己的后台办公室。

这些投资的价值在当时并不十分明显，然而，随着时间的推移，它越来越显示出其价值。20世纪70年代初，华尔街上的无数个精英公司没有倒在熊市中，却由于业务处理能力方面的困难而落败。

整个建立后台办公室的过程也让桑迪进一步认识到了运营的重要性。很多人都觉得，研发产品和推销产品是公司的核心，公司的价值主要是这些人创造的。事实上，运营不能创造价值，但它却是价值实现的重要保障。这些人每天都要处理大量交易数字，每天晚上都要对账。这些数据一旦出现差错，会给公司直接造成损失，影响第二天的交易情况。一般而言，华尔街上的管理者都不太把运营人员当回事。桑迪却不同，他愿意和运营人员交流，这让他比别人更多地了解了交易是如何清算的，甚至比其他合伙人更多地学习了后台办公室的运营细节。桑迪有时会在后台办公室过夜，可以想象，老板出现在后

台办公室，对这些运营人员是一个什么样的鼓励。他们感到自己被重视，更加积极努力地工作。这一经历对桑迪后来的事业产生了相当重要的影响。

这个拥有新技术的后台办公室实在是太新了，系统的处理能力远远超过了当时的交易量，是正常日交易量的三倍。这么好的东西如此仅处理公司现在这点业务，实在是有点大材小用。这些不安分的年轻人开始琢磨着怎么能充分利用这个新的系统——有人提出可以为其他公司提供清算服务，可是这样一来，就要承担他人的风险，有点得不偿失。桑迪突然想到，我们既然拥有了这么强的处理系统，为什么不扩展业务呢？当初思考的收购计划又从他的脑子里冒了出来，我们既然有了后台办公室，那么完全可以收购其他公司！后台办公室的建立和随后而来的华尔街的动荡给了CBWL一个巨大的机会。

## 第二节　出人意料的收购

在其他人遭遇失败的时候获得成功。

——桑迪·威尔

在桑迪他们忙活着建立后台办公室的时候，华尔街乱套了。美国股市经历了前所未有的牛市，整个市场的交易量猛增。证券业的高级管理人员都在忙着交易股票，却没有人意识到后台办公室已经无法负担这样的交易了。正常情况下，经纪公司要在晚上为第二天的订单进行匹配，可是这一时期，交易量太大了，很多公司根本没有办法完成订单的匹配。但他们又不能中止新业务，总不能把到嘴的肥肉再吐出去吧！这就导致了未得到匹配的订单堆积如山，华尔街的状况越来越混乱。1968年底，整个证券业未匹配订单达到40亿美元。人们开始意识到风险的增加，不少投资者开始抽回他们提供的资金。经纪公司一家接一家地出现短缺，为了规避风险，纽约股票交易所甚至不得不规定星期三休市以方便订单的处理。然而，问题并没有得到实质性的解决，投资者对于华尔街越来越缺乏信心了。

事情越演越烈，1970年1月，股票价格跌至3年来的最低点。一家家大公司眼看着出现亏损，甚至不得不被合并或破产清算。CBWL躲过了一场灾难，在别人为无法处理订单而发愁时，CBWL正在思考着如何利用剩余的处理能力。CBWL开始磨刀霍霍，着手在这混乱的时期为自己赢得新的商机。他们牛刀小试，收购了麦克唐纳尔公司的贝弗利山办事处。虽然这只是一次小小的收购，但它为未来更大规模的收购积累了经验——CBWL这条小鱼将会吞下一头大鲸鱼。

股市继续下跌，4月底，道琼斯指数跌到了724点，5月，股市遭遇了7年来的最大跌幅。市场似乎已经跌入了谷底，然而灾难远远没有结束，这一年的夏天对于股市来说更是雪上加

霜。在这段时期，美国政治上动荡不安，入侵柬埔寨，抗议者在肯塔基州立大学被害。经济上也是如此，宾夕法尼亚中央铁路公司宣布破产。

华尔街的黑夜并没有阻挡CBWL寻找新的光明。机会很快来了，它就是海登斯通。

我们先来看一下海登斯通是个什么样的公司。在当时，海登斯通公司曾是证券业最大的公司之一，它的业务主要是为上层客户服务。20世纪60年代中期，它在全美有80多个零售经纪机构，为很多投资银行交易提供咨询。

1969年，海登斯通亏损1100万美元。6月，海登斯通在一项突击检查中被查出财务状况不良。一个公司的破产不是大问题，但问题是海登斯通有着巨大的影响力，与经纪商的关系更是盘根错节。而它一旦破产，交易所的稳定基金也将化为乌有。因此，无论是海登斯通的领导层还是纽约股票交易所都希望有公司能够收购海登斯通，解决这一危机。

这样一个机会被桑迪和他的伙伴们敏锐地捕捉到了。他们开始接触海登斯通的高层，商讨收购事宜。客观地说，CBWL并不具有收购的实力，它和海登斯通相比实在是太小了。但它有着海登斯通目前最需要的——解决问题的资本、后台办公室和相关的技能。还有一点就是，没有哪一家大公司愿意接手海登斯通的烂摊子。

先是罗杰出马，他认识海登斯通的人，罗杰通过他们找到了海登斯通的CEO唐·斯特罗本。罗杰向他介绍了CBWL的

优势，海登斯通虽然没有看得起这家小公司，但在当时的情况下，不得不开始与CBWL进行收购谈判。

紧接着，纽约股票交易所和海登斯通的大债权人开始介入谈判，谈判进入实质性阶段。他们不相信CBWL这样的公司能够吞下海登斯通。CBWL很快改变了策略，他们提出进行选择性收购。CBWL确定了要收购的28家零售分支机构以及投资银行业务方面的骨干员工。同时，CBWL说明纽约股票交易所提供了750万美元的支持资金，并免去了CBWL所要承担的海登斯通的债务。这就等于CBWL根本自己没花一分钱，就完成了对海登斯通的收购。

事情远没有想象的那么简单，最后一个障碍，也是最艰巨的任务，就是CBWL要说服海登斯通的一百多位债权人批准这项收购。CBWL必须获得大多数债权人的支持才能完成收购。事情进行得还算顺利，最后只剩下了一个反对者。

这最后一个坚决的反对者，是俄克拉何马债权人——杰克·戈尔森。戈尔森反对收购是因为他感觉自己受到海登斯通的欺骗。他认为公司是在误导他和其他几个俄克拉何马的朋友，所以他决定要给这些所谓"纽约的城里人"一个教训。戈尔森宁可损失投入的资金，也要让海登斯通破产。桑迪他们找了无数人打电话劝说戈尔森，可没有一个人能够说服这个固执的人。海登斯通破产的日子渐渐逼近了。

直到最后一天，戈尔森仍然拒绝收购。为了做最后的努力，一方面，桑迪和海登斯通的乔治·默里一起准备收购的实

施；一方面，罗杰、马歇尔和其他几个人决定包一架飞机到俄克拉何马与戈尔森亲自谈判。更让人郁闷的是，天气情况恶劣，飞机不能起飞。所有人都在焦急地等待着，幸运的是，半夜，飞机终于起飞了。凌晨四点半，罗杰等人来到了俄克拉何马城。情急之下，罗杰等人将戈尔森从床上叫起来，逼迫他到地下办公室进行谈判。在接下来的4个小时里，他们用了所有的方法劝说戈尔森放弃。万般无奈，他们请到了纽约股票交易所主席班尼·拉斯克给戈尔森打电话，劝说戈尔森。拉斯克给戈尔森分析海登斯通破产可能对经济造成致命性打击，他甚至威胁说，要让总统尼克松亲自给戈尔森打电话。

不知是这些人的诚意打动了戈尔森，还是总统尼克松致电的威胁动摇了戈尔森的想法，在最后一刻，戈尔森同意了收购。上午9点50分，股市开盘前10分钟，新闻公布了CBWL对海登斯通的收购。CBWL一举将公司规模扩大了30倍，CBWL变成了CBWL-海登斯通公司。公司的办事处从2个增加到30个，客户账户从5800个增加到51000个。

尽管整个收购的后期处理过程仍旧是困难重重，但半年时间过去后，CBWL-海登斯通开始步入正轨。我们还记得1960年，公司刚刚成立时只有40万美元，然而到了1970年，已经拥有了1500多名员工，创造了近1200万美元的收入。

# 第三节　上　市

忘掉一切形式的战略思维吧！我们所做的几乎所有事情都是现实主义的，都是以如何切实创造收入为中心。

——桑迪·威尔

就在CBWL忙于建立后台办公室和收购海登斯通时，华尔街上正在发生新的变化。1969年5月，一家和CBWL差不多的公司——帝杰公司做出了一项惊人之举，他向证券交易委员会申请向公众发行股票。一石激起千重浪，帝杰公司站到了风口浪尖。要知道，纽约股票交易所一直是公开禁止证券公司的公众持股的。帝杰这样做，可能会让它失去交易所会员的资格。然而，帝杰没有退缩，1970年，它完成了1200万美元的股票发行。一方面帝杰的成功鼓舞了很多一直想上市的公司，另一方面，1970年华尔街的动荡也使得证券业迫切需求新增资本。一年后，纽约股票交易所终于允许其他证券公司上市了。美林紧随其后，于1971年春天率先申请发行400万股股票。CBWL也快速做出了反应，在美林提出申请不到一周后，CBWL就向证券交易委员会提出了申请。6月，美林的股票一上市，股价就暴涨，一路高奏凯歌。这更给CBWL-海登斯通吃了一颗定心丸药。

可是，没有哪家大投资银行愿意为CBWL-海登斯通的股票发行提供承销。可以理解，他们把CBWL-海登斯通看作竞争者，谁愿意为自己的竞争对手筹集资本呢？可是CBWL-海登斯通巧妙地利用了一项政策变化，只要他们能找到两个独立方来见证股票价值的公允性，就可以自行推销股票。CBWL-海登斯通双管齐下，一面等待证券交易委员会的放行决定，一面积极向投资者宣传自己的股票。

CBWL-海登斯通的股票发行真是一波三折。先是8月，证券交易委员会突然对CBWL-海登斯通发难，不断地挑剔。紧接着，证券交易委员会官员通知桑迪他们，虽然是他们先提交申请，但委员会决定要先让他们的竞争对手之一的巴奇公司先发行股票。证券交易委员会为什么要这样做？因为巴奇的财务状况太糟糕了，它迫切需要筹集到资本，否则就完蛋了。可是，这对CBWL-海登斯通太不公平了。一方面，CBWL-海登斯通需要公平竞争，凭什么一个提交申请晚、业绩又差的公司要先于它发行股票？这不合乎市场规则。另一方面，如果巴奇的股票在股市中反应不好，投资者对于经纪公司的股票就会丧失信心，这将会影响CBWL-海登斯通的股票发行计划。这对CBWL-海登斯通而言可真是个糟糕的决定。

巴奇公司的股票上市了，和桑迪他们担心的一样，巴奇的股票价格一路下跌。糟糕的事情再次发生了，证券委员会竟突然宣布将不会批准CBWL-海登斯通发行次级股票。也就是说，这些合伙人不能出售自己的股票，这就意味着他们拿不到现金。CBWL-海登斯通发行的股票的一个主要原因就是这些股东要抽离部分现金，降低自己的个人负债。

这种朝令夕改的行为让人愤怒至极，可除了祈祷外他们实在想不到还有什么办法改变这一切。幸运的是，证券委员会给了CBWL-海登斯通一个在9月底前进行申辩的机会，CBWL-海登斯通抓住了这一线生机。

星期五，桑迪、罗杰和律师已经准备去华盛顿了，突然得知证券交易委员会主席比尔·凯西正在纽约股票交易所开会。比尔·凯西不能参加在华盛顿的会议，但他的意见有着决定性的作用。不行，不能坐以待毙，一定要当面向他陈述意见。桑迪和阿瑟立即赶到了凯西的办公室和他面谈。凯西并不想见他们，桑迪和阿瑟在办公室门前呆了一个多小时之后，凯西出来了，他告诉他们："我要去长岛进行一次午餐会演讲，现在没有时间。"桑迪和阿瑟不想放弃："我们送您去吧！"，"你们有车吗？"这两个压根没有开车来的家伙连想都没想就说："是的，在楼下。"

来到路边，他们招来了一辆出租车。凯西目瞪口呆，只好和他们一起挤到了出租车的后座上。路上，桑迪开始了艰难地申辩："现在是9月，我们年初就提出申请，而且已经花费了大量资金，你们改变游戏规则是不对的，我不能说规则是正确还是错误，但那就是规则。"凯西为委员会的决定辩护：

"证券交易委员会委员已经决定不允许出售股份抽离资金的行为。"整个行程中，争辩一直没有停止。直到凯西下车，他仍坚持："我欣赏你们对受到不公正待遇的认识，但我仍坚持这一决定。"

在回去的路上，出租车司机安慰他们："这场争论你们没能赢，你们也根本不可能赢！"这样的安慰比不安慰更让人难受。桑迪和阿瑟仔细地分析着谈话，可是看不到任何希望。只能自己安慰自己："我们已经尽力了，一切听天由命吧。"

那天下午，当桑迪和阿瑟坐在出租车上和凯西申辩时，肯尼·比亚尔金在华盛顿的会议上开始了唇枪舌剑的大战。这位前律师在整整一个下午的会议上，施展着自己的雄辩之才，反复强调公平性的观点。

过程虽然曲折，但结果还是令人高兴的。虽然凯西在车上没有任何承诺，但最后，凯西投给了CBWL-海登斯通决定性的一票。证券交易委员会最终允许CBWL-海登斯通按原计划发行股票。下午4点45分，为了避免夜长梦多，他们一听到这个消息，就决定不能按常规套路出牌，必须抢在星期五晚上发行。

股票发行成功让这些年轻人成为了百万富翁，这确实令人兴奋。但更为重要的是，他们用自己的努力证明了他们是能够领先于行业变化的。他们将公司的名字缩短为海登斯通公司。海登斯通的股价在上市后暴涨了118点。

收购海登斯通让这个小公司声名大振。桑迪和他的伙伴人展示了作为领导者最重要的品质——魄力。在决策时要有胆略和果断力，一针见血地切中问题的要害，相信自己，力排众议，做出大胆和及时的决定，在不确定的复杂局面中敢于冒险并承担巨大的压力和责任，同时还包括承认失败和错误的勇气，"敢于直面淋漓的鲜血，敢于正视惨淡的人生"。这是成功者不可或缺的良好品质，企业领导者的魄力、胆略和勇气对于一个企业而言是何等的珍贵。桑迪后来在自己的自传中也强调了这一点："我们的整体成功显示出承担风险是有回报的，只要你的思维始终保持理性和谨慎。"

《聊斋志异》里有个故事，说一个叫叶天士的著名中医，在为自己的母亲治病时，因为一味药拍不了板，他知道，这味药如果加对了会治好母亲的病；用错了母亲的病会恶化，甚至有毙命的危险。这时，他犹豫不决地转而询问另外一位中医，那位中医坚决地认为应该加。

当别人问他为什么应该加药时，他毫不避讳地说：因为治好了叶天士的母亲的病，我可以借此名扬天下；即使万一治不好，反正是别人的妈不是自己的妈。

有一位企业家对这个故事深有感触，他说：企业家是什么？企业家就是把企业当作自己的妈还敢下药治病，而且有能力把药下对、把母亲的病治好的人。

和创造世界名牌的人

一起放飞梦想

Let the dream fly

# 第四节　我能当好CEO

> 良好的直觉、逆向思维，迅速行动的能
> 力和强大而团结的团队都是所有企业领导人
> 应该看重的优势。
>
> ——桑迪·威尔

没多久后，整个美国的股市经历了寒冬。通货膨胀和利率上涨侵蚀着美国经济，"水门事件"让美国股市雪上加霜。1973年，道琼斯指数下跌了17%。海登斯通无可避免地受到了影响，虽然仍有微薄的盈利，但股票价格却跌到了2美元以下。对每个证券从业者来说，这都是噩梦一般的日子。甚至海登斯通公司在1973年的年报中写道："经纪业不是一个令人愉快的行业。"

不过，桑迪比其他人更早地对危机做出了反应。他开始大力降低成本，其中之一就是降薪。他要求所有的员工（也包括自己）都接受降薪。薪水越高的员工降薪的比例越大。两年里，员工承受了40%-50%的降薪。降低成本，做好长久面对危机的准备是必要的，但降薪确实也损害了员工的士气。这时的桑迪仍是一个不够成熟的管理者，多年后，桑迪在他的自传

里谈及此事时，仍为此后悔不已。他谈到："降薪是暴力的管理方式，只能损害员工士气。假如我更精明一些，就应该解雇业绩不佳的员工，将他们的薪水分配给值得奖励的员工。"

危机也让公司暴露出了更多的问题，其中一项最重要的是业务质量参差不齐。在业务拓展时期，为了争取更多的业务，有很多违规现象存在。有些零售人员缺乏必要的股票交易知识却任意来操作股票交易。这些问题逐渐暴露出来，托普玩具公司事件就使公司面对了无数的诉讼。

另一方面，公司的管理形式也暴露出越来越多的问题，矛盾越来越尖锐。公司上市之后，由于经营理念和对公司愿景的认识差距加大，公司高层之间的争吵越来越频繁。这种委员会形式的管理体制严重降低了公司决策的效率。尤其是桑迪和马歇尔的对立。

桑迪很重视零售业务，在政治和经济动荡的时期，零售业务相对比较稳定。他认为，零售业务的风险相对较低。他还认为，海登斯通应该再收购一家零售公司来提升公司的价值。桑迪一手领导了对亨茨公司的收购。马歇尔则一直看不起零售业务，他认为公司应该主要经营投资银行业务，应该把更多的资本投入到风险大但收益大的交易中，他总觉得公司在资金管理方面过于保守。对于收购亨茨公司，马歇尔一直持反对态度。在收购亨茨公司的过程中，他也一直是阳奉阴违，这令其他人恼火不已。

在随后的欧米加-阿尔法公司的股票销售中，马歇尔出现

了致命的错误。欧米加–阿尔法公司是马歇尔的朋友吉米·凌的新公司，海登斯通被选中为其提供承销。所有的人都认为欧米加–阿尔法公司的股票一定很难卖，但马歇尔坚持。股票上市后，股价一落千丈。这家公司最终破产，而海登斯通的声誉也受到了极大的损害。

欧米加–阿尔法公司事件后，大家不再相信马歇尔。他不计后果的业务扩张使得公司的业务质量不断下降。尤其是桑迪，他开始关注交易风险，经常到销售和交易部门巡视。这又让马歇尔感到有压力，他指责桑迪侵犯了他的领地。马歇尔的攻击性越来越强。他过去只是在心里看不起零售业务，现在则把不满写在了脸上，对零售业务嗤之以鼻。

收购亨茨公司后，海登斯通的零售业务翻了一倍。而这时发生的一件事，让桑迪、阿瑟和弗兰克决定不能任由这种情况继续下去了。高层管理人员的争吵影响了公司的运行和发展，必须要有一个新的领导者来负责公司的决策。1973年夏天，马歇尔在一次管理委员会会议上咆哮说，他要解雇一半的分支机构经理。主管零售部门的乔治·默里决定辞职，他实在是受不了马歇尔了。随着零售业务的增长，海登斯通正是迫切需要零售管理人才的时候，马歇尔的这种行为让其他的管理者无法再容忍下去。利维特和弗兰克一致建议，由桑迪担任公司的CEO。

管理委员会会议上，桑迪成为新的CEO，罗杰成为董事会副总裁，利维特成为总裁。桑迪提出，马歇尔必须离开公司，否则他不会担任CEO。这个提议获得了大家的一致同意，马歇尔同意主动辞职。马歇尔确实是一个了不起的推销员，也曾为海登斯通立下了汗马功劳，但他无法成为一个管理者。还有一点就是，作为合作伙伴，必须互相信任而且有相近的观念。否则，再优秀的人也无法共事。

13年来，桑迪一直不愿意承担领导责任。从组建后台办公室到领导亨茨公司的收购，他逐渐意识到，自己有能力也有信心带领海登斯通走向更美好的未来，他比任何一个合伙人都适合这个位置。

成为CEO后，桑迪迫切需要一个能干的助手，他选择了彼得·科恩。彼得·科恩26岁，他是马歇尔手下的一名研究分析师。这个又黑又矮的年轻人才华横溢，非常聪明，工作也非常勤恳。桑迪从不害怕聘用聪明人。他欣赏彼得的才华，也并不介意他是马歇尔的手下。两天后，彼得成为了桑迪的忠实下属。桑迪的确有用人的眼光，彼得后来成为了桑迪的得力干将。

桑迪本来是四个合伙人中最弱的一个。他能够最后脱颖而出，获得大家的认可，固然是由于公司特殊的时势造就了他这个英雄，更为重要的是，他身上具备一个领导者所必需的能力。从他大胆启用彼得这一点上可见一斑。

俗话说，心有多大事业就有多大，胸怀有多宽事业就有多广。心胸宽则能容，能容则众归，众归则才聚，才聚则事业强。海纳百川，有容乃大，所以领导者成就大事业必须要有容人、容智、容物、容事的肚量。

古往今来成大业者必有过人的心胸。战国时期的楚庄王，有一次打仗大获全胜后大宴文武众臣，这时，有一个人趁风吹灭蜡烛之际拉住了楚庄王的爱妃许姬的衣袖，许姬在黑暗中抓住了对方的缨带，并要求庄王立即点亮蜡烛，严惩那个人。但是庄王却不动声色，反而要求所有臣子都要解开缨带，摘下帽子，开怀痛饮，最后尽欢而散。后来，在庄王讨伐郑国时，有一个叫唐狡的将领骁勇善战，奋勇杀敌，立下了赫赫战功，庄王下令重赏，唐狡却说："不敢受赏。"庄王忙问为什么，唐狡说，那次庄王宴会上是他拉了许姬的衣袖，大王却不究死罪，他已经感恩不尽，所以舍命相报。正是庄王过人的心胸，才得到唐狡赴汤蹈火、死而后已的回报。可见，领导者容人之过、谅人之短的心胸何其重要。

桑迪能够从一个华尔街上的送信人成为世界一流企业的CEO，和他宽阔的胸怀是分不开的。所以，有人形象地说，你能容一个班的人，就只能当班长；能容一个团的人，就能当团长；能容亿万人的人，才能成为领袖。

除了胸怀，还有不断的学习。很多人都说，桑迪有着良好的商业直觉，他总能比对手更早地发现商机。甚至有人说，桑迪能够成功，实在是因为他的运气太好了，他的每一次决定都出人意料地正确。但桑迪自己却不这么认为，他说过，直觉是培养的，不是天生的。他在自传中是这样评价自己的商业直觉的："能够大量掌握数据、高效处理信息并有胆识采取果断行

动的领导者更具有竞争优势。我不能肯定良好的直觉是否能够通过学习获得，但不断寻求信息和对事物的深入理解是至关重要的。多年来，我坚持不懈地阅读书籍，向员工寻求建议，并与政府和其他企业的领导者建立联系。我的非正式决策方式使我的同事和我能够在看到机遇时迅速行动，而我们的竞争者通常这时还在犹豫不决。"

# 第五节 一切皆有可能

> 很早的时候，我就将变化看成机遇，并希望我的公司在行业面临压力时灵活多变。反向投资是不错的选择。
>
> ——桑迪·威尔

1974年的美国股市就像西伯利亚的冰雪那样令人深感寒冷，道琼斯指数在年底跌到了587点。两年中，道琼斯指数跌落了45%，众多的公司面临严重的亏损，濒临破产的边缘。海登斯通公司的境况相比要好得多，它没有过多的负债，又有着强大的运营能力，这使得海登斯通虽然也受到了股市的影响，但只是减少了盈利。可以想象，如果没有桑迪的坚持，海登斯通当初也按照马歇尔的想法不计后果地扩张的话，那么这一次

也许就是被收购者而不是收购者了。

"让你的不安全感为你服务。"成为了桑迪的商业成功的秘诀。他在自传中曾谈过要保持这种不安全感："我总是为我的公司担心，从来无法放松下来不去想潜在的风险。事实上，我有过许多不眠之夜，有些甚至是在办公室度过的。我的团队知道我特别看重尽早发现问题，这一原则帮助我掌握正确的方向。我长期以来看重经营的多样化和可靠的核心盈利基础，它们使公司能够有选择地进行高风险高回报的活动。我还控制着公司的财务风险，宁愿承担经营风险，也不愿使用过多的财务杠杆。由于较早地证明了我们的经营管理能力，我们有了大胆进行收购的勇气。我们从不拿公司的资金冒险，因此能够承受一次经营错误带来的后果。并且，我一直强调降低成本，因为能有效控制成本的公司在行业不景气时有更强的生存能力。"

桑迪后来两次高调收购：收购旅行者和买回希尔森，事实上都承担了巨大的风险。它们都有严重的负债问题，都对成本失去了控制。但桑迪都凭借着财务和管理优势几乎在同时把它们买了下来。

我们回到1974年，接着谈股市危机。

所谓危机，包含了两层含义——危险和机会。桑迪没有为海登斯通没有出现严重亏损而感到放松，相反，他敏锐地认识到，要想防止情况恶化，必然要寻找新的机会。正如很多军事家所讲的，最好的防守就是进攻。

这时的桑迪作为CEO，开始着手寻找新的合作伙伴。这时

和创造世界名牌的人

一起放飞梦想

希尔森汉米尔公司走入了桑迪的视野。它是一家全国性的大公司，有着海登斯通所需要的销售队伍、投资银行部门，它还有着充足的资源。如果海登斯通能与之合并，那么海登斯通就可以赢得与业内最大公司相抗衡的业务规模。但是，希尔森公司根本不可能与之合并。因为这样一家大型的全国性公司，怎么会看得起一个刚刚上市不久的公司呢？海登斯通虽然发展不错，但也只是华尔街上的一个新秀而已。

明知不可为也要为之，桑迪开始试探着与希尔森公司的CEO阿尔杰·杜克·查普曼接触，不意外地遭到了他的断然拒绝。这时的希尔森，虽然有负债过高的问题，但它的运营情况良好，况且，杜克刚刚说服了辛辛那提的金融家卡尔·林德纳投入了700万美元。对于希尔森，桑迪只能望洋兴叹了。

1974年的证券业实在是太糟了。它把一切的不可能都变成了可能。只不过短短几个月的时间里，事情发生了逆转。证券业环境的恶化导致希尔森的交易出现亏损，当初承诺投资的林德纳连原先承诺的一半都没敢投入，希尔森立刻陷入了财务危机。纽约股票交易所和希尔森的最大借款人花旗银行都敦促杜克寻找一个合作伙伴。尽管希尔森并不情愿这样做，可事已至此，希尔森没有任何选择的余地了。4月，杜克主动找到了桑迪，商量合并的事宜。

合并进行得相当顺利，从公司的名称到希尔森的定价都很快谈妥了。5月海登斯通宣布收购希尔森公司，9月合并最终结束。在一片质疑声中，希尔森海登斯通在最恶劣的证券业环境

中获得了巨大的成功。一年时间里，希尔森海登斯通的规模翻了两番，合并前，海登斯通的股票价格还不到1.375美元，半年后，股票价格已经涨到了5美元。在最严重的熊市中，海登斯通的规模扩大了四倍。希尔森海登斯通真正成为了华尔街上令人不敢小窥的力量。

对桑迪而言，收购希尔森让他真正成为了希尔森海登斯通的领导者。他开始花费更多的时间研究公司的运营，在公司里巡视，了解员工的需求。他会和这些基层员工交谈，询问他们应该如何改进工作。在不断的合并中，他善于发现那些真正有才华的员工。

桑迪很重视员工的忠诚，可忠诚不是说来的，而是做来的。领导者如何做，直接决定了员工的忠诚程度。多年后，桑迪在自传曾谈到这个问题："多年来，企业忠诚似乎已经过时。但我一生都相信，当员工仅仅把公司看作工作场所的时候，公司就会遭殃。企业领导人发展能够凝聚员工的个人关系的能力越强，公司就越受益。"

接近员工，不仅让他有了对公司内部变化的敏锐直觉，也让他比别人更了解业务。很多管理者不愿也不屑于这样做，他们觉得这给公司发展带不来任何利益。可桑迪并不这么看，他始终都和一线的运营人员和销售人员有着密切的关系，这使得他比其他竞争对手能更快地抓住以后的机遇。

当然，仅仅懂得管理对于一个CEO来说是远远不够的。一位管理学家说过，一个管理者是正确地做事，而一个领导者则做正确的事。进一步说，前者关注的是政策的执行，后者阐明政策；前者是只见树木不见森林，后者则从更广阔的视角看待工作。如果不能认识到这一点，是无法真正领导一个企业的。桑迪在自传中也谈到了这一点，就是一个好的CEO，必须走在对手的前面。他说："我反复强调干得'不错'是不够的，我们不能停滞不前，否则就会失去竞争力。如果我们想建立一家卓越的公司，跟在其他公司后面或埋怨行业环境为自己的不足找借口是无法实现目标的。"

确实，在很多公司不断地埋怨市场不景气时，桑迪却在危机中寻找到了真正的机会。而这些机会的获得，是由于他的每一步都走在了其他人前面。桑迪的成功在于他始终具有忧患意识，无论是顺境还是逆境，他都在不断思考未来可能有的风险和潜在的机遇，不断地寻求新的突破。无论是一个人还是一个公司，一旦觉得自己不错了，开始躺在功劳簿上睡觉了，就是他走向衰落的开始。

1979年，希尔森海登斯通收购了勒布-罗德斯公司，公司更名为希尔森-勒布-罗德斯公司。公司的规模再次翻倍，拥有了270个办事处和3500名经纪人。四次的合并和首次公开发行股票，让当初那个默默无闻的CBWL脱胎换骨，变成了华尔街上一颗最耀眼的明星。甚至连前总统福特也在1980年同意加入希尔森-勒布-罗德斯公司的新董事会。

桑迪后来在自传中谈到自己的商业成功经验时，曾阐述过利用行业逆境的关键，就是要有良好的财务状况和高度有效的运营能力。"如果一家公司不能保持增长，它就会衰退或死亡。这样的思考方式会带来果断的行动，即使环境恶劣。"希尔森–勒布–罗德斯公司由默默无闻变成业内领先者。事实上，公司的发展并不是在所谓牛市中，而是证券业历史上最艰难的时期之一。

*Sandy Weill*

第四章　南柯一梦

Sandy Weill

# 第一节 走向运通

> 总是为下一次合并做好准备是我多年来
> 成功的最大秘诀。
>
> ——桑迪·威尔

1980年，希尔森-勒布-罗德斯公司的收入增长势头超过了华尔街的其他公司。一年前整合勒布-罗德斯公司时的恩怨情仇早已烟消云散，新的管理团队士气高涨。这样好的时光，桑迪却不愿沉湎于昔日辉煌，他在思索着公司未来的发展。

在别人为公司创造的巨大成就而欢欣鼓励时，桑迪已经预见新的危机了。通货膨胀和失业率一直居高不下，这是极不正常的现象。很多商业人士都隐隐感觉到经济正在失去控制。如何才能在这样动荡不安的时期生存下去并获得增长？公司进一步机构化，实现强强联合也许是最好的选择。这也符合管理学上所讲的"马太效应"。在这个方向，起步较早的是美林。1978年，美林开始引入革命性的现金管理账户。这是经纪公司首次向其客户提供银行服务。他们为此获得了投资者的闲置现金并从中赚取了丰厚的利润。他们通过现金管理账户这项业务，既成功地把资金从商业银行手中吸引过来，又加强了与客

户的紧密联系。

在这10年里，桑迪领导了一次又一次收购。希尔森已经从一家相对默默无闻的公司变成了年利润6000万美元的业内领先者。然而现在，如果说桑迪过去的收购是为了扩大公司规模，那么现在的收购则更多是考虑公司的机构化。桑迪意识到要想确保公司始终保持领先地位，要有更大规模的合并，桑迪需要一个更大的合作者。恰巧这时，运通走进了他的视野。桑迪有着浓厚的运通情结，他觉得运通是美国金融服务中的代表，是精英中的精英。运通无论从公司的规模、实力到服务对象，都是行业中的佼佼者。

运通历史悠久，是美国老牌的金融服务公司。如果能和运通合并，将极大提升希尔森的品牌形象。如果合并成功，希尔森将一举成为世界知名的公司，这对桑迪来讲太有诱惑力了。另一方面，桑迪理想中的合并对象，应该拥有多样化的产品和庞大的机构分布，也能够给他带来大量新客户。桑迪始终认为，如果公司的业务范围广，客户群体多样化，那么企业收入才会相对稳定，不会因为一方面业务的问题影响整体的收益。一旦企业收益稳定，股价的波动也会比较小，可以更好地降低经济动荡对公司的冲击。尤其是在当时金融市场一片混乱的状况下，如果能够和运通合并的话，就可以保存实力，渡过危机。还有就是希尔森一直缺乏高端客户资源，而运通正好拥有这一方面的资源。桑迪一直希望能够打入高端客户群体，运通的客户与这一目标非常吻合。同时，运通是一家有着雄厚资产的蓝筹公司，这样的公司往往会带给客户安全感。如果能和运通合并，它的客户就成为了希尔森的客户。广大的运通客户成为了希尔森的股票经纪客户，而希尔森的股票经纪人不仅能够推销股票，还能推销信用卡和保险产品，公司的营销范围和客户将迅速增加。桑迪只要一想到这一点，就会觉得热血沸腾。

机会很快来了。1980年底的一天，贝尔史登公司的塞·刘易斯之子桑迪·刘易斯突然邀请桑迪共进早餐。桑迪·刘易斯有一家投资银行S.B.刘易斯公司，他是这家公司的执行合伙人。与桑迪一样，他也意识到了金融服务业未来的发展趋势。他们约在了纽约股票交易所俱乐部会面，这天的天气非常寒冷，但丝毫没有影响到两位桑迪的热情。桑迪·刘易斯没有任何寒暄客套，他单刀直入地建议桑迪，希尔森应该与美国运通谈判建立一个跨股票经纪业和信用卡业务的合资营销公司。他告诉桑迪，自己与美国运通CEO吉姆·罗宾逊关系非常好，他可以从中牵线搭桥，安排两人见面。

这一提议让桑迪非常高兴，他正愁没机会与运通的高层接触。这种最初的合资关系一旦建立，两家公司就有了最终合并的可能。退一步讲，如果两家只能建立合资营销公司，那也是非常好的。希尔森刚刚推出自己的金融管理账户，如果其产品中能够有美国运通金卡，那希尔森的产品将身价倍增。

在会面之前，我们先来认识一下吉姆·罗宾逊。与桑迪不同，罗宾逊是一个典型的富二代。罗宾逊出身于亚特兰大的一个贵族家庭，他的家庭是一个银行世家，他的父亲和祖父都曾担任该市最大银行的董事会主席。罗宾逊本人毕业于著名的哈佛商学院。他曾任职于摩根担保银行，后来到了华尔街著名的怀特威尔德公司工作。吉姆在20世纪70年代初加入美国运通。凭借着雄厚的家庭实力和出众的能力，吉姆在运通扶摇直上。短短几年后，他在1977年成为运通的CEO。不过，吉姆对合并是非常谨慎的。1979年对麦克格劳－希尔公司收购的失败让他差点失去了CEO的位置，他轻易不愿意和其他公司商讨合并的问题。

12月初，在美国运通布罗德街的总部，桑迪与吉姆第一次共进早餐。在一间私人餐厅，两人正式见面。让桑迪郁闷的是，在座的除了吉姆，还有运通的另一名管理人员阿尔·威。桑迪不希望这次会面有别人参加，这将直接影响他和吉姆建立亲密的关系。桑迪隐隐感觉到，运通和他以前接触的公司是完全不同的。

尽管有些小小的失望，早餐会谈的气氛还是非常融洽的。他们共同畅想金融服务业的未来，比较两家公司在战略决策上的差异。吉姆告诉桑迪，他想建立一家业务广泛的金融服务公司，不仅有信用卡、银行、保险和支付业务，还要有更为广泛的金融业务。桑迪则详细分析了希尔森的竞争优势："我们有优于一般公司的运营能力，我在经营中严格控制成本，不承担过多的交易风险。希尔森在零售经纪公司中居于领先地位。"出身贵族，又在世界一流公司工作的吉姆有着良好的战略眼光；白手起家的桑迪务实、重视细节。两人都觉得对方是

可以一起干事业的人。会谈中，两人决定组成一个小组来研究合资事宜。无论是合并还是合作，两人都充满了信心。

# 第二节　一波三折的并购

> 如果你想成功，就必须采用正确的方式，也就是说采取迅速而果断的行动。你必须下定决心并且明白没有回头路。
>
> ——桑迪·威尔

在接下来的几个月，双方就合作的细节进一步磋商。到了2月，双方就排他性协议和保护客户的专有关系等问题达成了共识并形成了合资营销计划。桑迪慢慢发现，运通的官僚主义相当的严重。一个决策从制订到实施要经历相当长的时间。直到3月，合资计划才真正进入实施阶段。

如何才能让吉姆和运通认识到要加紧合并的步伐，这让桑迪感觉头痛。1981年3月18日，琼妮和桑迪正在香港视察希尔森新开的办事处时，一件令人震惊的事情发生了。晚上10点，当桑迪正在查看纽约股市开始的情况时，杰夫·莱恩打来了电话，他情绪激动地告诉桑迪：信诚保险即将与巴奇公司合并。信诚与巴奇合并，预示着在未来一家公司就能够提供各种不同

的产品。竞争对手在金融业务扩展方面走在了希尔森的前面，这让桑迪恼火不已，然而，这也意味着，这则消息可能成为促进运通与希尔森合并的一剂催化剂。信诚与巴奇合并能够让吉姆·罗宾逊鼓起勇气同意合并。

不管吉姆和运通是如何想的，桑迪马上着手准备合并的事。他找了一间空办公室给两个人打电话，一个是桑迪·刘易斯，另一个是彼得·科恩。桑迪先告诉桑迪·刘易斯，他从亚洲一回去就会向吉姆提出合并的建议，请桑迪·刘易斯为他游说吉姆和运通的高层。刘易斯喜出望外，他一直梦想着能够促成两家的合并，现在他愿意为此行动。紧接着，桑迪联系了彼得·科恩，要求他考虑与美国运通合并的想法，制订具体的措施。彼得的想法与桑迪不谋而合，他果断地回答："这是一个本垒打！"此时的彼得正在以色列旅游，他立刻放弃了自己的休假，全力投入到了这项工作中。

一天后，桑迪核实了消息的正确性，他给吉姆·罗宾逊打了个电话。这次桑迪直接切入主题，那就是希尔森想和运通合并。信诚和巴奇已经成为了新型金融服务公司的典范，希尔森和运通的合并就是顺理成章的了。现在是两个最佳合作者的合并，如果失去了这次机会，以后无论是希尔森还是运通，都将是被动地与第二、第三甚至可能是第四选择合并。吉姆也意识到了这一点，他同意等桑迪一回去后就洽谈合并的事宜。

当3月底桑迪再一次来到美国运通总部时，他们的目的不再是合作，而是讨论合并事宜。双方开始提出对未来的设想，

各自了解相互的期待与要求。桑迪为能够与美国运通合并而兴奋不已，虽然知道未来的谈判可能是艰难的，但他还是为美好的未来勾画了蓝图。

吉姆希望希尔森成为与菲尔曼基金保险、旅行相关服务公司和国际银行一样成为运通的分支机构。他希望桑迪留下来成为部门主管，担任希尔森的领导人，并直接向他汇报工作。他可以给希尔森20个董事会席位中的三个。桑迪的想法与吉姆不同，他认为自己已经是一个非常成功的领导者，他希望自己不仅仅是管理希尔森，还要在合并后的运通中发挥更重要的作用。

第一次的会谈，双方只是交换了一下想法，并没有达成实质性的意向。双方决定建立谈判小组并互相介绍管理人员。这是一个好的开始，虽然未来的路是曲折的，但毕竟桑迪让希尔森成为了运通的优先合并对象。接下来的几天里，双方开始相互熟悉并展开调查。

4月初，琼妮和桑迪第一次邀请吉姆和他的妻子贝蒂来到家中用餐。桑迪希望琼妮能够参与到其中，这不仅是公司的变革，也是他们生活的巨大变化。每一次，桑迪都希望从琼妮那里获得支持。这天早上阳光明媚，春意盎然。桑迪让管家准备了百吉饼、熏鲑鱼和玉米粒，并开玩笑说他们是在享受真正的"希尔森美国运通早餐"了。

饭后，琼妮和贝蒂携手去花园散步，吉姆和桑迪则继续谈判。他们讨论了董事会的构成。桑迪提出希望彼得·科恩和

丹·西摩进入董事会，而吉姆则想让福特总统进入董事会，吉姆表示愿意为这位美国前总统设立额外的席位。

然而，真正的焦点并不是董事会的构成，而是桑迪在新公司的位置。吉姆坚持让桑迪负责希尔森的管理，桑迪则表示想融入运通。毕竟，如果只是管理希尔森，那有什么必要一定要和运通合并呢？进入运通是桑迪最初想进行合并的一个重要原因。桑迪没有想过取代吉姆，但他确实希望能够担任运通的二把手。由桑迪负责运通的运营，吉姆负责董事会和对外事务。吉姆认真听取了桑迪的意见，但他也告诉桑迪，董事会可能无法同意这一意见。吉姆表示，他可以给桑迪更多的机会参与整个公司的管理，但恐怕短时间内无法给他首席运营官的职位。

除了桑迪的职务问题，其他方面的谈判还算顺利。一周后，谈判围绕价格、董事会构成以及重要管理职位的分配等重要问题继续展开。桑迪这时还不知道，他将很快面临人生中最艰难的抉择。

董事会的构成很快成为谈判的焦点。在谈判过程中，吉姆告诉桑迪，他们不愿意让彼得·科恩担任公司的董事，美国运通通常只让部门主管担任董事会的内部股东。如果要完成和运通的合并，必须舍弃彼得，在这一点上没有任何选择的余地。虽然桑迪感到这样对不起彼得，但他实在不想放弃和运通的合作机会。桑迪非常需要在董事会有一个自己人，他不得不提出由希尔森的外部顾问肯·比亚尔金代替彼得。

一个多星期过去了，董事会似乎没有提出任何反对意见，桑迪觉得没什么问题了。他向罗宾逊提出要担任首席运营官，可是吉姆再一次表示反对，他又搬出了董事会。吉姆告诉桑迪，董事会不了解桑迪，他们担心合并后美国运通的收入会受到影响。吉姆认为他们可以晚一点再考虑到底给桑迪一个什么样的职位，他信誓旦旦地向桑迪保证，一旦董事会了解了桑迪，他们肯定会放心的，桑迪可以担任董事会副主席之类的职位。桑迪非常不满，但他实在是太想和运通合并了，只好再一次让步。

4月16日星期四，吉姆和桑迪达成合并的最终协议。桑迪同意在周末为星期一的董事会议做准备。合并的临时协议基本达成。吉姆一离开，桑迪就通知希尔森的高级管理人员第二天上午10点准时到桑迪在格林威治的家中开会。桑迪非常希望给每人一个参与收购的机会。

第二天上午，希尔森管理团队的所有成员齐聚在桑迪家。在桑迪的起居室里，桑迪向他们讲解了与美国运通临时协议的具体情况。桑迪强调合并后他会负责继续管理希尔森公司，希尔森将继续以独立的方式经营。会议持续到了中午，他们在室外的烧烤桌前围坐在一起，一边吃着三明治一边继续探讨。桑迪开始建议大家一个一个地发表意见，好了解每个人的感受。绝大多数人都表示支持，唯一的反对者是零售业务的联合主管维克·西蒙斯。他担心美国运通这样的大公司的权力斗争和官僚主义会让希尔森处于从属地位，所谓宁当鸡头，不当凤尾，他不希望希尔森成为运通的附庸。这时，桑迪反问维克："如果我们决定不进行合并，明天早上醒来得知美国运通收购的是E.F.赫顿公司，你们会有什么感觉？"大家都沉默了，大家也做好了公开宣布最终协议的准备。

高级管理人员之间的良好沟通是至关重要的。这一道理是桑迪和彼得交恶后才慢慢领会到的，但他和彼得的关系却再也回不到从前了。

桑迪没有办法为彼得争得董事会的职务，这虽然让人感到遗憾，却是一个必须接受的结果。桑迪不想因此放弃与运通的合作，又担心彼得的愤怒会破坏谈判，因此，他做了一个错误决定。他准备在解决其他问题前，不告诉彼得这一坏消息。这个错误的决定不仅破坏了彼得和他的关系，也为他后来被迫离开运通埋下了伏笔。

# 第三节　彼得的反击

> 高级管理人员之间的良好沟通是至关重要的。
>
> ——桑迪·威尔

当所有的问题都解决后，桑迪不得不面对彼得了。桑迪不知如何告诉彼得这个消息。彼得已经在公司工作了10年，为公司的发展立下了汗马功劳。桑迪选择了一种最坏的、让人无法接受的方式告诉彼得这一结果。那天他们一起乘出租车回家，桑迪在他的公寓门前下出租车时，快速说出："有一件事我要告诉你，美国运通一直坚持只有内部人才能够进入他们的董事会，你不能。"说完，桑迪关上车门，把彼得留在震惊和愤怒中。

这种沟通方式非常糟糕。它不仅让彼得感觉受到了伤害，也让彼得觉得桑迪是一个不值得信任的领导。从那一刻开始，彼得逐渐走到了桑迪的对立面。

桑迪犯了一个极低级的错误，事实证明，它的影响延续了相当长的时间。他没有给彼得应有的尊敬，也没有向彼得解释这一决定背后的原因，只是以简单粗暴的方式向彼得宣布了这一结果。当晚桑迪给彼得打电话，彼得对桑迪大发雷霆。他指责桑迪没有为他争取，也没有更早告诉他。桑迪告诉彼得是吉姆决定的。他说："如果你能改变他的主意，我再高兴不过了。"因为第二天早上，希尔森管理团队要在桑迪家里开会。桑迪建议彼得第二天早上比其他人早几个小时到他家来谈一下，彼得同意了。

第二天早上8点，彼得来到了桑迪家。这时的彼得已经不再信任桑迪，开始着手为自己争取更大的利益。然而，他没有露出一点痕迹。当桑迪解释说"你对其他人有同意或者不同意的影响力，我需要你支持我"时，彼得表现得相当冷静，并且令桑迪放心地表示："我会支持你，因为这样做是正确的，但

桑迪，我不保证合并完成后会继续留在希尔森。"桑迪在与彼得沟通中犯的第二个错误，是他只向彼得不停地陈述自己如何需要彼得，而没有告诉彼得自己将来会如何为他争取地位。这让彼得再一次地失望了。"狡兔死，走狗烹"，彼得在当时确实有了这样的感觉。

当希尔森管理团队讨论收购计划时，彼得沉默了，并没有表示出任何的不满和失望。桑迪错误地认为彼得接受了这个结果。然而，他很快就发现，彼得当时的状态绝不是认命。既然你不能带给我需要的东西，那么我就自己去争取，彼得迅速抛开了桑迪，自己去找运通方面的董事们洽谈。没有人知道发生了什么，第二天下午，在桑迪和吉姆通电话的时候，吉姆告知桑迪，董事会不同意让肯·比亚尔金进入董事会。吉姆直接告诉他："我与几位董事进行了单独谈话，他们似乎认为让一名律师进入董事会是不明智的。许多人认为确保希尔森的参与地位非常重要。如果你计划花大量时间参与美国运通事务的话，董事们希望确保彼得·科恩的长期留任。我们最终决定让彼得进入董事会。"

桑迪觉得滑稽极了。当初是运通方面坚决反对彼得进入董事会的，然而，现在又是他们在桑迪和彼得摊牌后，同意让彼得进入董事会。桑迪愤怒极了，可是，一切都不能改变。他不能让已经进行到这一步的合并流产。另外，可观的股票收益、即将进入美国的标志性公司的诱惑都让桑迪不能放弃。即使是他自己不能进董事会，他也不得不接受。桑迪明白，肯定是彼得做了工作，彼得凭借自己的力量给自己在新的公司赢得了一席之地。而桑迪则不得不面对另一个问题：对另一个非常亲密朋友肯·比亚尔金的食言。这让桑迪非常痛苦。古人云：好的开始是成功的一半。而桑迪在进入运通的开始就不太妙。也许从这一刻，已经注定了他在运通最后的命运。

4月20日星期一是美国运通对合并进行董事会最后投票的日子。桑迪通知了纽约股票交易所这一即将对外公布的消息，交易所则停止了希尔森和美国运通的股票交易。美国运通的董事会议从中午开始一直到黄昏还没有结束。桑迪紧张极了。吉姆一而再、再而三的变动让桑迪无法相信他能够说服董事会接受合并。更何况在谈判过程中，吉姆经常搬出董事会来逼迫桑迪让步。

下午六点半，吉姆打来电话要求和桑迪见面。他告诉桑迪一切没有问题，但"有些小变动"。什么是"小变动"？桑迪觉得自己的呼吸都要停止了。桑迪告诉吉姆，他要琼妮也来，必要时他需要妻子的支持。

7点过后，古姆来了。这还真的不是一个"小变动"，董事会除了希望彼得成为董事之外，还变动了桑迪将在美国运通的职位。吉姆告诉桑迪，必须由运通的人担任运通的首席运营官，而他将成为执行委员会主席。除继续担任希尔森CEO外，桑迪主要负责的是管理美国运通的投资和融资。

没有人知道，吉姆是否在利用合并已经进入最后时刻的时机逼迫桑迪接受这一现实。然而，这真的不是桑迪想要的。尽

管吉姆向桑迪保证，一旦他在运通做出了成绩，董事会一定会再考虑他的职位问题，但又有谁能相信呢？桑迪第一次面对这么艰难的选择。合并，对希尔森来讲是一个千载难逢的机会，但对桑迪个人而言则是前途未卜。他甚至问琼妮："我们该相信他吗？"

桑迪听着这些任命安排，认识到吉姆提升其他管理人员是为了获得他们对桑迪进入美国运通的支持。桑迪获得一个早期警告，那就是吉姆不敢反抗他的直接下属，这一点桑迪在以后还会领教得更多。与谈判的其他时候不同，这一次桑迪决定尽可能反抗，坚持自己必须稳坐二把手的位置。吉姆犹豫了，说他的董事会并不了解桑迪，不可能赋予桑迪这样的权力。琼妮了解桑迪，她知道桑迪多么希望合并成功。她选择了无条件支持自己的丈夫。

桑迪得到了确切的答案，吉姆也去为第二天早上的新闻发布会做准备。桑迪去告知希尔森的管理团队合并的消息。桑迪甚至一点喜悦之情也没有，他真的是筋疲力尽了。回想在过去21年时间里，桑迪从无到有建立了希尔森。希尔森就像自己的孩子一样。不，桑迪在自己的孩子身上也从未投入过那么多的时间和精力。当第二天早上桑迪向希尔森的员工们宣布合并的消息时，声音数度失控甚至热泪盈眶。

讲话即将结束时，桑迪突然听到迈克的熟悉声音："桑迪，我是爸爸。祝贺你，我非常为你骄傲。"桑迪早已原谅父亲，并为他在晚年争取到了希尔森在迈阿密的分支机构的一个

后台办公室职位，迈克已经在那里工作了大约9年。父亲的认可让桑迪感到高兴："谢谢，爸爸。"

星期二股市收盘时，希尔森的股票已涨至每股48美元，比两周前高40%。到6月底股东投票时，股票又涨了30%，达到每股65美元。桑迪的退让为希尔森带来了巨大的利益。

其他公司很快效仿桑迪他们掀起了新一轮的合并热潮。10月初，希尔森以1.8亿美元收购了房地产经纪公司信义房产和美洲银行收购贴现票据经纪商查尔斯·施瓦布公司。

# 第四节　意难平

> 我很烦恼，我太想要总裁的职位了，以至于放弃了理想，向政治利益妥协。
>
> ——桑迪·威尔

6月底合并最终完成，桑迪把注意力放在了熟悉新同事和研究新公司上。他开始学习关于信用卡、旅行支票、银行、保险等各项业务，这些都是在希尔森从未接触过的。桑迪学得很快，不久就开始表达自己的意见。可是尽管吉姆和桑迪看上去相处得不错，但桑迪很快意识到，执行委员会主席只是一个空头衔，他在运通没有任何实质性的权力。随着对公司的深入了

解，桑迪切实感觉到企业文化的差异实在太大了。

吉姆是个做事一板一眼的人，无论是处理人际关系还是管理公司的方式都体现出这一点。运通的董事中有很多南方人，因此，运通有着严格的等级观念。

合并之后，贝蒂·罗宾逊曾安排了希尔森和美国运通高级管理人员及妻子的一次午餐会。她安排几辆林肯城市车将她们送到午餐会，琼妮无意间走向一辆车，打算与其他希尔森公司职员的妻子共乘。突然，贝蒂叫住了她，坚持让她坐进一辆专为最高层管理人员的妻子准备的车。也就是说，即使在配偶之间也存在着严格的等级和礼节。这让琼妮感觉非常不舒服，因为这和希尔森的企业文化格格不入。

吉姆的刻板还表现在每次召开董事会和股东年度大会之前都召开业务审查会议。每次董事会议之前，吉姆都要求他的部门主管们从世界各地飞回来，提前一周聚在一起，仔细审阅将呈报董事会的每一份文件。每次年度大会之前，这些人要准备长达1500页的事无巨细的报告。更要命的是，每次股东大会之前吉姆都会要求所有管理人员在公司的大礼堂集合，把整个周末花在猜测股东们可能提出的一切问题和精心编造相对应的答案上。

第一次桑迪还感觉新鲜，但他很快就厌烦了。他更喜欢非正式化的管理，桑迪需要的是能够独立思考的管理团队。

桑迪对第一次准备会议感到很有帮助，因为那时他还在研究新公司。但在最初的体验之后，他心中对这种会议的心理评价急剧降低，因为吉姆要求管理人员花大量时间在排练台词上。在桑迪看来，这些会议不过是在重复吉姆和部门主管们已经理所当然地了解的内容。桑迪告诉吉姆，他不想再参加这样的年度审查会议了。吉姆很生气，但他还是同意了桑迪的请求。

早在希尔森和运通进行最初的合资谈判时，就已经明确了要把信用卡和希尔森的零售经纪产品结合起来，但这项合作协议很快变成了一纸空文。卢·加斯特纳的排外思想非常浓厚，桑迪越是鼓吹这一观点，加斯特纳就越反对并寻找不合作的理由。即使在合并后，他也严守着客户关系，拒绝和新同事的合作。即使在吉姆指示双方互相让步后，加斯特纳也是先做些空口应酬，然后寻找理由拒绝任何合作。吉姆对他也无可奈何。

由于缺乏认真执行，运通鼓吹的"统一企业"概念只能是一句空话。当初维克所担心的权力斗争问题变得非常突出。加斯特纳把桑迪看作争夺美国运通重要位置的竞争对手，他给桑迪制造一切可能的麻烦来阻止桑迪的工作。也许加斯特纳更应该做一个政治家而不是企业家，他似乎更喜欢通过抑制别人的方式来满足自己的提升的愿望。

一方面桑迪更希望自己能够在运通发挥作用，另一方面由于对彼得的信任，他开始赋予彼得更多的决策权。尽管在与运通的谈判中彼得表现得不那么光明磊落，但桑迪觉得如果赋予他更多的自主权，彼得会知道桑迪仍一如既往地信任他。可桑迪很快发现，彼得已经不再是过去那个追随在自己左右的彼得了。他很快就会为自己的错误决定付出惨痛的代价。

1981年底，桑迪宣布希尔森的高级管理人员从此将向彼得汇报工作。这向希尔森的员工发出一个信号：彼得未来将掌管希尔森。出乎意料的是，很多人反对桑迪的决定。彼得才30多岁，作为一个公司的领导者来讲太年轻了。年轻气盛的彼得还没有学会如何更好地处理人际关系，希尔森的很多人都不愿意在他手下工作。反对最激烈的是杜克，他明确表示不会在彼得手下工作。杜克甚至选择了离开希尔森。桑迪不想失去这个伙伴，给他在美国运通的国际银行部找到了一个高级职位。

桑迪慢慢发现，让彼得独掌希尔森并没有换来彼得的忠诚。相反，彼得在希尔森拥有了更多的权力后与吉姆·罗宾逊之间的关系越来越紧密。几个月后，吉姆甚至向桑迪提出，应该让彼得成为希尔森的CEO。吉姆和彼得开始联合起来排挤桑迪。吉姆这样做有他自己的理由，从合并的第一天起，就有大量传言说桑迪将会取代吉姆。吉姆虽然将信将疑，但这些传言确实使他始终对桑迪持保留的态度。

1982年夏天，彼得和桑迪的关系进一步恶化了。事情源于一次收购。彼得向吉姆提出，建议让运通收购埃德蒙·萨夫拉控制的银行资产。他是彼得的老朋友，也曾是彼得的老板。1978年彼得离开希尔森时就是去了萨夫拉的公司。吉姆只考虑萨夫拉的银行业务能使他重新调整美国运通停滞不前的国际银行部，却根本不考虑其银行业务可能带来欠发达国家的贷款风险。桑迪提出了反对意见，结果他被排除在谈判之外。

收购还是如约完成了。完成前，一件意料之外的事发生了，阿伦·威宣布辞去总裁职务。突然，桑迪有了成为运通CEO的机会，而他的竞争对手就是卢·加斯特纳。这时彼得特意告诉桑迪，他向吉姆建议，要想与萨夫拉达成交易，应该任命桑迪为总裁。彼得指出萨夫拉从未见过加斯特纳，如果他不认识美国运通的最高管理人员，很有可能不愿意出售他的公司。

吉姆同意了对桑迪的任命，但他提出了附加条件——要想成为运通的总裁，桑迪必须辞去希尔森的CEO职务。成为堪称美国企业领袖的运通公司的总裁一职诱惑太大了，桑迪决定放弃对希尔森的控制权，他相信彼得是值得信任的。这一举措遭到了周围的朋友和琼妮的坚决反对。桑迪的一个朋友尖锐地指出："你一旦放弃CEO职务，我相信彼得的忠诚将持续不了15秒钟。"这一次桑迪没有听从琼妮的意见，他坚持让彼得担任希尔森的CEO。

1983年1月17日，美国运通公布了对桑迪的任命。印有"美国运通公司总裁"字样的名片令桑迪感觉好极了，他觉得自己终于站到了企业世界的塔尖。好景不长，桑迪很快意识到这个提升没有任何价值，他完全被架空了。桑迪一成为总裁，吉姆就要求让加斯特纳担任执行委员会主席，而加斯特纳根本就不和桑迪合作。至于彼得，没有人知道他在这场戏中究竟扮演了什么角色。也许当阿伦离职时，他向吉姆建议由桑迪担任总裁，根本就是想从希尔森挤走桑迪；也许这压根就是吉姆和

花旗银行的旗手桑迪·威尔

彼得一手导演的戏码，让桑迪担任总裁只是一个诱饵，真正的目的是架空桑迪。一旦桑迪离开希尔森，彼得就可以真正成为希尔森的掌权人，而桑迪也不再有与吉姆竞争的实力。

桑迪刚一离开希尔森的CEO办公室，彼得就迫不及待地占领了这间位于世界贸易中心顶端的带壁炉的老窝。彼得的表面功夫做得很好，在壁炉前放置了一双超大号的鞋子，以提醒他桑迪的非凡成就。彼得还假惺惺地送给桑迪王冠和权杖，表示自己仍会忠于桑迪这个"国王"。但事实上，彼得一取得CEO的位置，就正式走到了桑迪的对立面。

# 第五节　败中取胜

> 我几乎总能克服失望，认为逆境通常不会持久，并且总会带来更好的机会。任何情况下我都喜欢注意好的方面。
>
> ——桑迪·威尔

桑迪如愿成为了运通的CEO，但这个CEO突然发现自己竟然没什么事可做。CEO本应该是公司最忙的人，可是桑迪却有着大把的时间做任何与工作无关的事情。这个名义上的总裁，手下却连可用的人也没有。吉姆也不肯把属于CEO的工作交给他。对于桑迪这个工作狂来讲，这比被解雇还让他难受。

1983年，桑迪做了两件事，这对他的未来有着很大的意义，但在当时，却真的不是总裁应该做的工作。一个是成为卡内基音乐厅的董事，一个是致力于成立国家学术基金会。

除了公益事业，桑迪还没有放弃作为CEO的责任，他一边思考如何改进运通的运营，一边继续关注可能的收购机会。毕竟，如果想争取大家的信任和认可，好的工作业绩是关键。

很快桑迪将目标瞄准了投资者多样化服务公司。这家公司本来有着非常好的素质，但错误的企业定位导致它的硬件系统和管理都非常薄弱。然而，它的业务非常有吸引力，它的共同基金、人寿保险和年金产品等都有着稳定的收入。更为重要的是，它有4500名独立的金融咨询师为客户提供服务。

投资者多样化服务公司是美国运通业务的一个非常好的互补，它的分销渠道也能提升运通对市场的渗透力。

桑迪会见了投资者多样化公司的母公司——阿里范尼公司的CEO弗雷德·科尔比。他是一个对任何投资都倾注了感情的人，对他而言，卖掉投资者多样化公司和抢走自己心爱的宝贝是一样的。他提出，如果桑迪想买投资者多样化公司的话，要有优厚的条件。

桑迪把弗雷德·科尔比介绍给了吉姆。这时他不仅想收购投资者多样化公司，他想收购整个阿里范尼公司。桑迪设想着，如果收购整个公司，就能够进行换股。这样的话，收购金实际上可以通过使阿里范尼公司股东避免缴纳资本利得税的方

式获得。回过头来，再把一些与运通无关的业务卖掉。这样就可以做到低成本收购。吉姆同意了桑迪的收购意见。

这时弗雷德·科尔比搬到了别墅避暑。他家里没有安装电话，只能进行无线电电话联系。这是一种极不安全的方式，很快，收购的消息泄露了，阿里范尼公司的股价大涨。本来弗雷德就不肯降低收购的价格，现在要想达成交易，就必须提高收购价格。最终，以大大超出预算的10亿美元成交。本来桑迪只想以7.5亿美元进行收购的，但相对于阿里范尼公司未来的价值，桑迪还是觉得值得的。

桑迪并不知道，自己辛苦达成的收购意向将很快被破坏。而这一切，主导者竟然是自己一直信任的彼得。

彼得先是质疑投资者多样化公司与希尔森的销售人员之间会存在冲突。他提出，独立的销售人员不愿意被当作全职员工来管理，他们可能不会服从运通的管理。紧接着，他又指出投资者多样化公司的技术薄弱。随后，当桑迪带着彼得和财务官乔治·欣伯格到明尼阿波利斯市开会时，彼得不断地指责桑迪出价太高，两人当面争吵了起来。彼得最后竟然说，他有更好的事情要做，不想把时间浪费在这笔收购上。

彼得虽然年轻，但他的商业眼光是非常敏锐的。他如此处心积虑地反对桑迪，恐怕不是因为对收购的不认同，而是不想通过这次收购提升桑迪的地位。他知道投资者多样化公司不愿意受他的管理，他不能要这样虽然有效益但却可能危害自己地位的下属公司。

吉姆的懦弱再一次表现出来。他不希望看到下属有反对的意见，为了安抚不满的管理人员，吉姆决定收回对桑迪的支持。

在公司接下来对阿里范尼公司的调查中，彼得高调地反对收购，公开指出收购价格过高。更令桑迪伤心的是，桑迪的朋友——财务官乔治·欣伯格竟也公开反对。彼得和欣伯格早已勾结在了一起，预谋将桑迪踢出希尔森。这次的事件只是将矛盾公开而已。彼得认为，他必须在众人面前显示自己有勇气也有实力反对桑迪，才能够成为希尔森真正的掌权人。运通最终做出决定，愿意继续收购，但收购的价格必须降低。愤怒的桑迪解除了欣伯格的财务官职务，但这也无法挽回败局。

如果是别人，可能就放弃收购了。但一直败中取胜的桑迪是不可能轻易服输的。不是为了自己，而是为了公司可能的利益，他决定继续努力。桑迪先找到了弗雷德，向他道歉并告诉他自己会使收购重新回到轨道上。接着，桑迪面见吉姆，再一次向他陈述收购的必要性并要求委托麦肯锡公司对阿里范尼公司和投资者多样化公司进行独立评估。吉姆同意了桑迪的请求，收购终于有了一线曙光。

桑迪再一次找到了弗雷德·科尔比，向他说明自己只收购投资者多样化公司。这一次弗雷德没有犹豫，两人迅速地达成了意向，以7.7亿美元成交。表面上看，新协议比第一次的便宜。因为收购价格下降，彼得和其他反对者也无从反对。但事实上，运通放弃了近5000万美元的纳税优惠，而阿里范尼公司

将旗下的钢铁公司以2.25亿美元卖了出去，表面的胜利带来了实质性的损失。内部的权力斗争损伤了每一位股东的利益。

桑迪不仅成功地收购了投资者多样化公司，还找到了一位新的管理者。事情要回溯到收购前，9月中旬，桑迪与麦肯锡的高级合伙人哈维·戈卢布共进午餐。哈维委婉地告诉桑迪，要想成功合并，必须要换掉投资者多样化公司的CEO。桑迪向他询问对人选的看法，哈维则说："我不能回答，因为我有利害关系。"在桑迪的一再追问下，哈维告诉他，自己有意愿成为投资者多样化公司的CEO，因此不能客观评价桑迪提出的人选。他的回答让桑迪高兴，这让他看到了自己的辛苦努力是有价值的，并不是自己一厢情愿地收购投资者多样化公司，别人也同样地看到了它的价值。桑迪当即告诉哈维："你被聘用了。"

事实证明，哈维是个出色的管理者。收购完成后，哈维如约成为投资者多样化公司的CEO。在哈维任职的第一年，它的收入就增长了15%，在其后的大约6年中，季度利润从未下滑。哈维不仅成功地管理了投资者多样化公司，后来更成为运通的下一任CEO。

# 第六节　放　逐

如果过去不完美，就让它过去。

——桑迪·威尔

　　成功的收购并没有挽救桑迪在运通的命运。导致桑迪最终离开的导火索是菲尔曼基金。

　　菲尔曼基金占公司总收入的40%，是公司非常重要的一项业务。可是到了1983年夏天，它的保险理赔率突然急剧增长。虽然财产和意外保险业务价格一直在下跌，但菲尔曼基金的保险费增长在一年多的时间里是超过行业平均水平的。华尔街的分析师质疑这一增长，提出应该增加保险准备金，但菲尔曼基金的管理人员保证他们严格地控制着风险。无论如何，理赔率的突然增长是不正常的现象，可精算师和菲尔曼基金的高层坚持这只是数据有点偏差而已。桑迪在董事会的报告会上就保单定价和准备政策提出质疑。

　　董事会决定增加菲尔曼基金的准备金，但这无法改变菲尔曼基金的问题，它的月度利润直线下滑，所有人都意识到，运通有大麻烦了。

　　11月，当运通董事会到欧洲巡游时，董事会了解到，《财

富》杂志即将发表一篇名为《真正的创造力》的报道。报道明确指出菲尔曼基金的管理人员运用了财务伎俩夸大利润，将矛头直接指向了菲尔曼基金的高层管理人员。董事会立即决定，更换菲尔曼基金的管理层。董事会问桑迪是否愿意去旧金山解决菲尔曼基金的问题。桑迪已经太久没有机会管理具体业务了，他愉快地接受了这一任务。

可是，吉姆并不高兴。当桑迪告诉他董事会决定让自己去接管菲尔曼基金问题时，他当面表示出了他的不满。桑迪知道，吉姆看过了太多的权力斗争，他一定是觉得桑迪在玩弄权术。为了换取吉姆的信任，桑迪提出让出主席头衔并交出对希尔森的听取汇报权。桑迪希望做出一个让吉姆放心的姿态，可吉姆竟然接受了他的提议。也许吉姆早就想这么做了，只是桑迪自己给了吉姆这样一个机会而已。无论如何，吉姆真的不希望桑迪做任何事情，即使这是对公司发展非常必要的。

年底，董事会确定了新的准备金计划，将菲尔曼基金的准备金增加到2.3亿美元，但这意味着运通在1983年的盈利下降了10%。消息一出，运通当天的股价下跌了8%。

桑迪着手解决菲尔曼基金的问题，他参观了菲尔曼基金的几个地区性运营中心。桑迪尽管对保险业了解不多，但他很快发现了管理信息系统的混乱和运营系统的低效等问题。在接下来的几个月里，桑迪对菲尔曼基金进行了大刀阔斧的改革。他大幅削减成本，将菲尔曼基金的员工裁掉了15%，解雇了一批没有效率的代理人员。解雇员工虽然令人不快，但这对菲尔曼基金而言是快刀斩乱麻的有效举措。

桑迪对菲尔曼基金的改革并没有让他获得运通的认可，而是他下一个厄运的开始。在他忙于菲尔曼基金时，彼得开始了收购莱曼兄弟的谈判。这时的彼得已经完全控制了希尔森，他已经不愿再向桑迪征询任何意见，完全撇开了桑迪。而且，彼得得到了吉姆的支持。

彼得把桑迪完全排除在外，他要向所有人展示自己的商业才能。当桑迪了解到收购的情况时，他已经无力改变什么了。尽管如此，桑迪对莱曼兄弟的风险性提出了质疑，并建议努力留住这些高级合伙人。实质上，莱曼兄弟给运通即将带来的高风险在几年后差点毁掉了运通。

这时的彼得已经完全不把桑迪放在眼里了，他在公司和家里公开表达对桑迪的不满。一天，桑迪打电话给彼得，彼得的儿子接了电话。这个孩子在电话里大声对他父亲说："桑迪·威尔打电话来，就是你讨厌的那个家伙。"桑迪气坏了，他怎么也想不到，自己竟然成了彼得最讨厌的人。

同样，吉姆也令桑迪失望极了。桑迪一直都知道，吉姆无法管制自己的下属，但他没想到吉姆可以这样软弱。桑迪要为自己争取首席运营官的位置。他游说一些管理人员支持自己，并卖掉了一些股票。桑迪希望这些信号能够警示吉姆，如果自己真的不能承担运营的工作，那他将选择离开。吉姆妥协了，开始和其他管理人员讨论任命的问题。彼得和卢·加斯特纳都强烈地反对，彼得甚至说："我再也不想在桑迪的手下工作

了。"而加斯特纳一直是桑迪在运通内的竞争对手，也不愿意接受桑迪的领导。吉姆再一次动摇了，他驳回了桑迪的要求。

1984年的秋天，桑迪的心情比阴暗的天气更灰暗。彼得已经完全背叛了自己，吉姆当初所承诺的职位根本没有兑现的可能，眼看着业务将面临的风险却无能为力。他开始卖掉自己手里运通的股票。

看着桑迪在痛苦中挣扎，琼妮力劝桑迪离开："如果你不开心，为什么不考虑离开运通呢？"可是，桑迪不想辞职，他不想以一个失败者的姿态离开运通。

事情有了转机，这个转机还是菲尔曼基金。1月，桑迪从一个秘密渠道得知公司将要卖掉菲尔曼基金。要知道，吉姆向桑迪和菲尔曼基金的员工都保证过，如果桑迪能够解决菲尔曼基金的问题，这家公司将会保留下来。作为公司的决策者，如此言而无信令人非常生气。桑迪不想再呆在运通了，他要借菲尔曼基金离开。

桑迪找到了吉姆，提出要自己想办法筹集资金收购菲尔曼基金。如果收购成功，他可以为运通解决一个大麻烦，如果失败了，他就离开运通。一个月后，运通董事会召开会议讨论菲尔曼基金的出售问题。桑迪开始积极寻找资本支持，他想买下这家美国最大的保险公司之一。

桑迪高兴地发现，很多人愿意相信自己。桑迪见到了沃伦·巴菲特，巴菲特不仅支持他的想法，而且表示自己可以提供一部分收购资金。考虑到自己毕竟是运通内部的人士，桑迪

请巴菲特和来自摩根士丹利的投资银行家一起向美国运通董事会提出报价。

报价对运通而言是非常有利的。运通将继续持有菲尔曼基金近40%的股份,一旦菲尔曼基金赚了钱,运通仍然能够享受到利润。可是,运通似乎并不买账,有人一定要桑迪离开。一天,桑迪接到了秘书打来的电话。秘书在电梯里听到了所罗门兄弟的两位银行家的对话,一个家伙竟然说:"如果我让两个有钱的家伙变得更加有钱,我会受到诅咒的。"对于投资人而言,谁会愿意和钱对着干呢?这样的想法只能说明一个问题,运通不想让桑迪收购菲尔曼基金。

果然,不久之后,吉姆打来了电话。他告诉桑迪,董事会拒绝了桑迪的报价。看来,有人是铁了心要赶走桑迪。桑迪对运通的权力斗争厌倦极了,他要选择离开。

6月24日,桑迪参加了最后一次董事会,宣布自己将辞职,离开运通。

运通给桑迪带来了伤害,但也教会了他很多东西。桑迪认识到,自己是一个无法在别人手下工作的人,自己必须要成为老板。对于吉姆,尽管他有很多缺点,但他仍不失为一个好的伙伴。他最大的缺点就是无法控制管理人员并且缺少风险的规避意识。在桑迪离开6年之后,吉姆也"被辞职"了。

如果说1994年还有什么令桑迪高兴的事,那就是希尔森创立25周年的庆典,这是桑迪在运通灰暗生活中的唯一一丝曙光。桑迪商业生涯中的第一个导师塔比·伯纳姆曾经在他的公

司25周年时举行了盛大的庆典。那时的桑迪还是一个小股票经纪人，但庆典给了他深刻的印象。桑迪人生中第一次接触到了如此长寿的公司，也把建立一家这样的公司作为自己的人生目标。现在桑迪做到了，而且比塔比做得更好。这确实是一个值得纪念的日子。

桑迪的伙伴，好朋友玛丽·麦克德莫特负责筹办这次庆祝会。玛丽说她会把它办成历史上最好的庆祝会。

星期四晚上，纽约股票交易所对面的联邦大厅里，希尔森创立25周年的庆典开始了。巨大的环形大厅里装饰着直径三米的气球和兰花束。玛丽只邀请了三四位必须请的运通的人，其他的都是和桑迪共同奋斗过的希尔森的销售人员、经纪人员和运营人员。公司最早的创始人阿瑟·卡特和罗杰·伯林德也来了。大家共同回忆一起创业、一起奋斗的日子，品味今天的胜利果实。

庆祝会结束后不久，桑迪离开了运通。他在经历一段人生沉沦后，即将开创人生中第二次辉煌。

*Sandy Weill*

第五章　**重　生**

*Sandy Weill*

# 第一节　沉　沦

> 我们经历了巨大的变化，但有两件事仍然没有改变：我一贯的忧患意识和不愿意沉湎于昔日辉煌的性格。
>
> ——桑迪·威尔

桑迪离开美国运通时已经有了充足的财富，可以享受安逸的退休生活。也许很多人已经满足于自己的成就，安享晚年了。但桑迪不同，虽然已经52岁，他仍然希望寻找事业的新起点。就像桑迪不断向自己的同仁们灌输的那样，公司必须不断向前，否则就会衰退，人亦如此，一旦停止了向前奔跑，人就真的变老了。这一点对桑迪同样适用。"我热爱工作，并且桑迪已经证明了桑迪知道如何建立一家成功的企业，"桑迪对自己说，"我要找到重新发挥作用的方式。"

桑迪首先为自己安排了一个办公室。他在与美国运通签订断绝协议时，为自己要了一个办公地点，运通兑现了承诺，这样，桑迪就可以在那里建立自己的新办公室。新办公室在城中的西格拉姆大厦，富有戏剧性的是，桑迪惊奇地在门上看到了另一个人的名字——老约翰·勒布。若干年前，当桑迪收购勒

布-罗德斯公司时曾承诺为约翰提供终身的办公地点，美国运通收购希尔森之后继续承担了这一义务。于是，现在桑迪与这位多年来让桑迪充满敬畏的83岁高龄的著名金融家分享着同一个办公地点。

让桑迪备感欣慰的是，桑迪的秘书和两名专业助理阿里森·福尔斯和杰米·迪蒙都放弃了在运通的前途，愿意跟着桑迪。

7月，刚刚搬进新办公室时，桑迪每天都会收到无数的电报和信件。这些电报和信件载满了朋友和工作伙伴的祝福。离开运通的桑迪踌躇满志，因为他成功地创建过公司、有收购过无数个大公司的经历，又曾担任过美国运通公司的CEO。桑迪觉得，很快就会有无数人找到自己，希望自己能够管理公司。然而，桑迪错了，事情并非像他想象的那样。大约两周之后，电话越来越少，办公室变得越来越安静，死气沉沉。

时间一天天过去了，工作还是没有着落。杰米为桑迪频繁安排与不同投资银行家的午餐会，这些银行家们确实热衷于进行投资，但只想让桑迪指导他们投资，却无法让桑迪成为公司真正的管理者。也难怪，大家都相信桑迪投资的眼光，但他们需要的是一个为自己工作的人，而不是给自己找一个老板。而桑迪需要的是一个管理公司的角色，而不是成为一名金融投资者。

在两难之间，杰米提出一个折中的方案，先进入投资银行成为一个金融投资者。可以先持有股份，慢慢控制股份，最后成为真正的管理者。可桑迪的好朋友，投资家亚瑟·赞克尔极力反对这个建议。他明确地告诉桑迪，这根本没法让桑迪重新成为管理者，因为这需要的时间太长了。几年的时间，对一个年轻人来讲也许可行，但对于桑迪而言，他根本不可能等待那么长的时间。他是对的，桑迪选择了放弃。

夏天过去了，凉爽的秋天来到了。可桑迪仍然没有任何收获。他的情绪开始低落。桑迪越来越无所事事，他开始把更长的时间用在吃午餐上，并开始频繁饮酒。他经常在回到办公室后在沙发上午睡。他甚至开始怀疑是否是美国运通造谣中伤使别人不敢聘用他。

琼妮极力帮助桑迪从这样的状态中走出来。一天，她打电话来建议两人去看一场电影。桑迪不肯去，他告诉琼妮："琼妮，我不能去，我在工作。"琼妮则直接打破了桑迪的幻觉："但是桑迪，你没有工作！"琼妮做了各种努力，让桑迪不再关注工作。

琼妮首先提醒桑迪，他可以不工作。他们在经济上没有任何问题，即使不工作，也可以按照以前的生活方式继续生活。为了实现这一点，她要求桑迪留下私人司机并购买桑迪所习惯的一切。这种方式听起来或许很愚蠢，但琼妮认为这可以维持桑迪的自我形象设定。"你并不需要为某家公司工作来换取这些享受，"她甚至告诉桑迪，"如果你想乘坐私人飞机，那就租一架。"琼妮同时鼓励桑迪继续参与各种社会活动。

琼妮的努力有了收获，尽管桑迪的内心仍然充满焦虑，但他的情绪状态已经有了很大的变化，他一边享受着家庭生活的快乐，一边寻找新的机会。失之东隅，收之桑榆。长期以来，桑迪把所有的时间都用在了工作上，而失业让桑迪有了与孩子们更好交流的机会。

# 第二节　我要工作

> 我只考虑这场经历的积极面。毕竟，我善于理智地驱散失败的感觉。
>
> ——桑迪·威尔

在这期间，桑迪并没有自暴自弃，他积极致力于保护卡内基音乐厅免遭拆迁并重建的工作，并成为卡内基音乐厅协会的董事，还为筹集资金而四处奔走。在此期间，他更是认识了人生中第二位重要的朋友——艺术家艾萨克·斯特恩。艾萨克对于桑迪而言，是朋友、是兄长，更像是父亲。他是桑迪一直最尊敬的人。

艾萨克在桑迪人生相对艰难的时候给予桑迪充分的信任，这份信任也让桑迪重新认识了自己。如果说家庭生活让桑迪的心情得到了放松，那么为卡内基音乐厅募款让桑迪重拾了自信。更为重要的是，他在这一过程中认识了很多新的朋友，这为他东山再起甚至后来与花旗银行合并都奠定了基础。

虽然有家人的关怀和艾萨克的友谊，但这些并没让桑迪放弃寻找新的投资方案。然而，桑迪始终没有找到新的业务。就在他灰心失望的时候，突然有一天峰回路转，一位叫沃伦·赫尔曼的人给他打来了电话。

这位沃伦曾是莱曼兄弟的前总裁，退休后在西海岸建立了一家投资银行。沃伦非常热衷于旧金山的业务，也非常关注旧金山的社会生活，此时，他正在担忧旧金山的美洲银行。美洲银行是旧金山著名的商业银行，正面临非常严重的财务困境。沃伦担心美洲银行一旦出现混乱，将会严重影响整个城市的经济。沃伦和董事会都认识到这家银行急需更换领导层，他们希望找到新的领导者，帮助银行恢复财务实力和信誉。正在沃伦积极寻找合适的人选时，沃伦和桑迪一个共同的朋友，沃切尔–利普顿律师事务所的大律师马蒂·利普顿，向沃伦推荐了桑迪。

美洲银行有着80年的悠久历史，二战后的30年里，美洲银行在业内都处于领先地位，曾号称是西海岸最大的银行。70年代，这家银行的领先地位被花旗银行取代了。为了维持盈利，美洲银行开始向欠发达国家、油田、商业房地产和农业等疯狂贷款。不久，这家银行就出现了信贷危机。到80年代中期，危机进一步加剧，公司的股票价格大幅下滑，甚至许多董事会成员也开始闹事。

这样一家公司正是桑迪所需要的。它有桑迪所熟悉的零售

金融业务，它的股票有着升值的空间，桑迪有信心管理这样一家公司。杰米和桑迪很快飞去旧金山与沃伦商讨相关事宜。他告诉桑迪："现在是更换管理层的最佳时机，你又是接手的最佳人选。你是一个缔造者，你有时间，除你以外没有别人具备你这样的资历。"

桑迪卷起袖子很快敲定了三点计划：寻求几名特定董事的支持，注入新鲜资本，全面改善银行的运营。计划制定后，他们就开始了接手美洲银行的各项准备工作。

首先是注入资本。桑迪和杰米计算后提出，要维持银行的财务稳定性需要10亿美元。这是一个庞大的数字，在别人看来这个目标很难实现，但桑迪并不害怕。实际上，仅仅在短短的一年里，桑迪就为卡内基音乐厅筹措到了6000万美元。这仅仅是筹集的善款而不是商业投资，如果是商业投资，凭借着桑迪的声望和他的关系网，会有更多的人愿意相信他。

其次寻求董事的支持。11月和12月，杰米和桑迪一直呆在西海岸。他们聘请了一位顾问——摩根士丹利的鲍勃·格林希尔。格林希尔和沃伦都在积极促成这件事，他们帮助桑迪直接与一些董事对话和交流，而这些人也给予桑迪充分的信任。这些人中包括前国防部长罗伯特·麦克纳马拉和查尔斯·施瓦布公司CEO查克·施瓦布，他们都愿意支持桑迪。尤其是施瓦布，他已经对美洲银行的管理层彻底失望了。

桑迪还去找了联邦储备委员会的主席保罗·沃尔克，桑迪向沃尔克详细阐述了自己的计划，并强调自己有能力注入资

本。沃尔克虽然没有表示出支持，但他也没说任何让桑迪认为联邦储备委员会将出面反对的话。这就意味着桑迪已经间接获得了联邦储备委员会的同意。

最后一项是全面改善银行的运营，这是真正接手美洲银行后才能实施的。当然，桑迪和杰米已经为这一切做了充分的准备。

桑迪完成了前期的准备工作，最后一项重要的工作就是和琼妮商量到旧金山工作的事。出乎意料的是，一贯支持桑迪的琼妮强烈地反对搬到加利福尼亚去，她不愿意离开在东部的朋友和孩子。女儿杰西卡也站在了母亲这边，她觉得父亲根本不考虑家人的感受，一心只想管理大公司。桑迪无法说服妻子，只好说："先不要着急，等需要着急的时候再说吧。"

万事俱备，只欠东风了。新年前后，他们开始将计划付诸实施。先是由沃伦致电美洲银行的CEO阿马科斯特，他告诉阿马科斯特，桑迪对美洲银行很感兴趣，准备提供资本来换取管理职位，他同时提议进行一次会谈。阿马科斯特最初接受了邀请，但很快就取消了会谈，他感到桑迪威胁到了他的地位，他不想放弃CEO的位子。然而几天后，美洲银行宣布1985年亏损近3.4亿美元，将中止派发股利。对一家上市公司而言，停发股利等于宣布这家公司面临了相当严重的问题。

桑迪和他的顾问们采取了进一步的行动，他给董事会写了一封信。在信中，桑迪提出他可以从投资者那里为美洲银行筹集到10亿美元，并个人出资1000万美元，希望董事会能够让他

担任美洲银行的CEO。同时，在AT&T的高尔夫巡回赛上，桑迪遇到了运通的CEO吉姆·罗宾逊。桑迪向他寻求帮助，希望希尔森能提供筹资10亿美元的承诺函。吉姆敏锐地意识到这是一个宣传希尔森能力的绝好机会，他立即要求彼得·科恩飞过来面谈。一天后，桑迪就拿到了资本承诺函。虽然桑迪仍然怨恨彼得，但他没有意气用事。他需要的不是纠缠过去而是给自己创造新的机会。

这些条件已经有足够的诱惑力了，困境中的美洲银行无论如何也不应该拒绝了。但事实并不像想象的那么简单。阿马科斯特和他的支持者在董事会议上提出了一份五年计划并一再强调美洲银行能够自己解决问题。董事会选择了相信阿马科斯特，之后不久，桑迪收到董事会的来信，他们明确表示不打算让桑迪成为新的CEO，计划暂时被搁浅了。

这封拒绝信让桑迪感到泄气，却没有让他放弃。毕竟，让董事会相信一个外人本来就是一件困难的事，桑迪决心继续努力。又到了每年一次的冬季度假的时间，桑迪去了波多黎各度假，但他人虽在那里，心却仍在美洲银行上，他要求团队拟定一份行动计划并要寻找机会亲自向董事会说明他的计划。在度假期间，关于桑迪有兴趣进入美洲银行的消息突然被泄漏了，2月20日，美洲银行的股票价格上涨了10%，同时股票交易量巨大。董事会公开了桑迪意图收购的消息，希望借此提升投资人的信心。

桑迪立即结束度假返回了旧金山，他和他的顾问们决定立即向董事会再发出一封信，请求在3月2日至3日的董事会议上亲自提出他的整顿计划。2月27日，桑迪发信短短两天之后，当地媒体再一次爆出了这一消息。这一次美洲银行的股价暴涨13%。一切似乎都在向着好的方面发展。然而，董事会并没有允许桑迪在会上提出他的计划。3月3日，美洲银行再次宣布他们拒绝了桑迪的提议。他们一方面利用桑迪提升了股票价格并获得了收益，一方面却不愿意进行真正意义上的变革。拒绝桑迪使这家银行丧失了重振的机会。在最后一次董事会议四个月之后，这家银行宣布了6亿美元的亏损。阿马科斯特的所谓收入恢复计划没有给美洲银行带来任何起色。阿马科斯特本人继续担任CEO直到秋天，然后就离开了。

收购美洲银行的计划彻底失败了，桑迪撤回了收购提议。虽然美洲银行没能成为桑迪新事业的起点，却让他看到了希望，那就是——桑迪在金融业内有着相当大的影响力，也有非常多的人愿意相信他的能力并支持他。这让桑迪的自信心得到了很大的提升，他相信自己再次创业的机会一定会到来的。

后来，桑迪在自传中讲述自己的商业成功经验时，将"失败可能是好事。"作为一条经验，他坦言："我在合并谈判中失败过很多次，也犯过错误，但有一件事我很早就学会——不要太看重失败。通常，一笔好的收购总有它到来的方式。"

桑迪和杰米又回到起点，他们继续寻找新的机会。机会很快来了。这个新的机会应该感谢一位叫卡罗尔·卢米斯的撰

稿人。他是《财富》杂志的撰稿人。他发表了一篇题为《斯坦福·威尔：娴熟的管理者，深厚的背景》的专题文章。这篇文章无形中为桑迪做了广告，这可帮了桑迪一个大忙。文章刊登后没几天，桑迪就接到了一个名叫鲍勃·沃兰德的人打来的电话，他想游说桑迪到商业信贷公司。

沃兰德并不是商业信贷公司的董事，他是商业信贷公司的财务官。准确地说，他只是一个雇员。这到底是怎么回事呢？沃兰德告诉桑迪，没有人指派他来做这件事，他觉得桑迪是重建公司的理想人选："我自己决定这么做，我没什么隐藏的计划，我只想做对我的公司来说正确的事情。"他坚信商业信贷公司是桑迪的好机会。

商业信贷公司对桑迪而言并不陌生，两年前他担任运通董事会主席时曾想收购商业信贷公司，于是派人调查过这家公司。但调查结果令他失望，这家公司根本没有收购的价值。有谁能想到，两年后，这家公司（准确地说是它的一个雇员）竟然找到桑迪，希望他成为公司的CEO。桑迪是什么人？他缔造了希尔森，担任过美国运通的总裁，即使是虎落平阳之时，他想到的也是美洲银行这样的公司。商业信贷公司只是一个名不见经传的小公司，控制数据公司下属的一个子公司，连被收购的资格都没有。要是在过去，这样一家公司找桑迪担任CEO，桑迪觉得会让人笑掉大牙。而今天，这竟然也成为了他的"机会"。

其实，桑迪不认为加入这家劣迹斑斑的公司是什么好的机会，但他实在是不想再等了。他已经离开运通公司一年了，原本觉得很多大公司会争着聘请他，现在看来短期内无法实现了。桑迪决定见见沃兰德，谁知道这是不是一个好机会呢？

桑迪和沃兰德决定5月2日在桑迪的办公室见面。下午2点，沃伦特带着他的助手准时来到了桑迪的办公室。沃兰德显得很紧张，毕竟，他既不是公司的董事长，也不是CEO。这样贸然和一位陌生人谈论公司的事宜，感觉自己像一个商业间谍。但他意识到，如果商业信贷公司在现任管理层的领导下将会分崩离析。他真的想挽救公司，而桑迪是一个最合适不过的人选。

沃兰德向桑迪介绍了商业信贷公司的情况，并强调公司的核心业务是好的。商业信贷公司的核心业务是消费信贷业务，无论经济情况好坏，消费信贷业务都是盈利的。更重要的是，商业信贷公司的消费信贷业务面向美国的中产阶级，这是一个相对稳定的消费群体，有大约4500万潜在的客户和广阔的市场。桑迪和杰克立刻眼前一亮。

沃兰德走后，桑迪立即要求杰米研究消费金融业并深入了解商业信贷公司。沃兰德的想法是对的，消费金融业一直呈现了良好的增长势头。和受经济周期影响的银行和证券业不同，消费金融业的全年资本回报率是很高的。这是一个可能会有较高利润的行业。另一方面，这一行业目前处于分散的状态，像家庭金融公司和权益金融公司这样的大公司所占有的市场份额也是非常小的。商业信贷公司保有3%的市场，而这一市场最

大的公司也不过只有6%的市场份额。

令人遗憾的是，商业信贷公司没有抓住这样的机会。这家公司成立于1912年，最初的50年发展得还不错。它很早就进入到了汽车贷款行业，而那时的通用汽车和其他汽车生产商还没有自己的金融公司。1968年洛斯公司曾想收购这家公司，保守的种族观念使它不愿意接受犹太钢琴家的收购。商业信贷公司最终卖给了一家叫控制数据公司的计算机公司。控制数据公司更关心的是如何从子公司抽出更多的资本用于其他方面的投资，而不是如何发展商业信贷公司的核心业务。到了20世纪80年代初，商业信贷公司承担了数亿美元的不良业务。这些不良业务有商业贷款、租赁和欠发达国家贷款等，却都与它的核心业务无关。

到了1984年，控制数据公司再也不能从商业贷款公司榨出钱来了，准备卖掉这家子公司。可是，控制数据公司的要价太高了，没人愿意买。在接下来的两年里，商业信贷公司不得不缩小业务，卖掉了赚钱的西海岸分支机构并剥离了超过三分之一的资产和员工。

桑迪在详细分析了商业信贷公司的情况后，下定决心要入主商业信贷公司。不错，这是一家风险巨大的公司，但也蕴藏着巨大的回报。桑迪首先要做的是让控制数据公司信任他，愿意把商业信贷公司交给他。

5月，桑迪通过老朋友鲍勃·格林希尔约见到了控制数据公司的CEO普赖斯。桑迪苦口婆心地说服普赖斯："你要知道，只要商业信贷公司仍是控制数据公司的子公司，它就永远不可能获得良好的信用评级。我认为最理智的选择是把商业信贷公司交给我和我的管理团队管理。只有我们有可能重建公司在投资者眼中的可信度。"

为了获得控制数据公司的支持，桑迪建议："控制数据公司可以任命我为商业信贷公司的CEO，把商业信贷公司剥离出去。我可以对公司进行重组，让商业信贷公司上市。这对控制数据公司来说是百利而无一害的。你们既可以摆脱商业信贷公司，也可以通过上市为公司赚上一大笔。这比赔钱卖掉它或留着它拖累母公司都更有益。"

普赖斯没有答复桑迪，他告诉桑迪他要考虑一下。事实上，他很快拒绝了桑迪。这时的普赖斯已经接受了第一波士顿投资银行家的建议，准备发行债券。桑迪静静地等待着，他知道，一旦普赖斯意识到债券并不能解决问题，就会重新回到谈判桌前。果然，夏天来到的时候，普赖斯发出了邀请。

格林希尔告诉普赖斯："桑迪一定是独一无二的人选。如果他当CEO，一定能够让商业信贷公司发行股票，那么你们可以获得的利益一定会远远大于卖掉商业信贷公司。他一定有能力卖出商业信贷公司80%的股份，这是别人绝对做不到的。他一定能再为公司筹集到额外资金，帮助公司实现复苏。"

这一番话真正打动了普赖斯。如果有人真的能为商业信贷公司筹集到新的资本，那商业信贷公司就有望改善信用评级。桑迪向普赖斯提供的退出策略太有诱惑力了，控制数据公司终于可以摆脱商业信贷公司这个沉重的包袱了，如果顺利的话，这个叫桑迪的家伙没准可以为控制数据公司余下的20%股份增加价值。谈判向着有利的方向发展。按照约定，控制数据公司将其持有的股份降至20%，桑迪和他的管理团队将通过股票购买长期持有公司10%的股份。这时，桑迪也没有闲着，他已经开始鼓动很多和他共过事的人加入到自己的团队中。另一方面，他也在考虑发行股票的事宜。

1986年9月12日，控制数据公司宣布任命桑迪·威尔为商业信贷公司的董事会主席兼CEO，年薪50万美元。这时距离桑迪离开运通总裁的位置整整15个月，桑迪生命中的第二次创业真正起步了。

1986年10月3日，商业信贷公司提交了上市申请。30日，商业信贷公司开盘上市。新股上市便卖出了9亿多美元的股票，支付给控制数据公司后，还有近3亿美元供商业信贷公司使用。

## 第三节　东山再起

> 低落的士气不利于员工的业绩，大部分人宁愿公司迅速果断地裁员，也不愿意提心吊胆地等待坏消息。
>
> ——桑迪·威尔

仅有股票上市成功还远远不够，获得资本只是第一步，关键是让商业信贷公司能有更好的发展。桑迪组建了新的管理团队和新董事会。桑迪从运通和化学银行挖来了一些精英。他们中有化学银行的总裁鲍勃·利普和他的老部下鲍勃·维拉姆斯塔德、运通主管企划的约翰·福勒和首席财务官格协格·菲茨杰拉德等人。同时，桑迪也启用了一部分商业信贷公司的管理人员，如商业信贷公司的首席律师查克·普林斯。尤其是查克，他热情、忠诚、具有实干精神，为商业信贷银行摆脱母公司提供了所有法律技术上的帮助。桑迪用独特的方式向聘用对象宣传公司："我们会用正确的方式管理公司——没有官僚主义。"

有了新的管理团队，还要有新的董事会。桑迪找到了曾经的合伙人和朋友，幸运的是，他们中很多人愿意支持并加入董事会。这里有早期的合伙人肯·比亚尔金、曾经的下属弗兰克·扎布、蓝筹公司西屋公司的董事会主席道格·丹福斯、哈佛商学院的教授安迪·皮尔森，甚至还有前总统福特和坎麦尔·莱尔德。桑迪改变了过去的金色降落伞和其他过分的管理人员待遇，要求全体董事每年接受选举。

有了新的董事会和管理团队，桑迪立即开始改造商业信贷公司。接触到商业信贷公司，桑迪真正了解了这家公司的问题所在。

这家公司的员工工作作风极其散漫。去郊区的最后一班公共汽车4点30分从巴尔的摩出发。员工们根本不管实际下班时间，一到4点30分，总部大楼就已经人去楼空。他们不会考虑公司在西海岸的分支机构需要总部的支持，似乎这与他们没有任何关系。

为了解决这一问题，桑迪立即联系市长，请求改变公共汽车的时间表，市长同意了。然而，员工的行为似乎与公共汽车的时间表没有任何关系。随后，第一场暴风雪袭击了巴尔的摩。可当桑迪风雪兼程从纽约赶到总部时，竟然吃惊地发现，总部大楼内空无一人。桑迪愤怒了："为什么我穿越了200英里却比所有人来得快？如果你们喜欢下雪天，去政府找工作！"他向人力资源主管咆哮："我们不能这样做事，事情必须改变。"

紧接着，桑迪发现了商业信贷公司的另一个问题，就是员工的工作态度极不认真。这要从一个名为"犯人汽车"的计划说起。这个计划是几年前控制数据公司的创始人想出来的。他想做一些对社会有益的事，于是让商业信贷公司把车租给曾经犯罪的人，帮助他们重新开始生活。可是，商业信贷公司根本没有人认真去做这件事。有三辆名义上租给有犯罪前科的人的车一直被分支机构使用。

最重要的问题是，激励机制对于员工而言根本没有任何意义。少得可怜的奖金还是按人头平均分配的，那些表现优秀的员工无法得到相应的奖励。久而久之，大家习惯了吃大锅饭，反正多干少干一个样，干好干坏拿的奖金都一样，为什么要卖命工作呢？公司的咖啡机无处不在，到处可以看到在喝咖啡闲聊的员工，这让桑迪恼火极了。这根本不像一个企业，而是像一家养老院。谁能指望这样的企业创造出更大的利润呢？

这三个问题成为影响公司运作的桎梏。要改造商业信贷公司的企业文化，首先要从这三方面着手。症结找到了，那么接下来就是解决问题。

这家公司的人员太多了，冗员会直接影响工作的效率。12月，桑迪宣布削减10%的总部员工，这意味着125名员工被解雇。仅这一项措施，每年就为公司节省了500万美元。桑迪清楚地认识到，低落的士气不利于员工的业绩，大部分人宁愿公司迅速果断地裁员，也不愿意提心吊胆地等待坏消息。

要想提高工作效率，裁员是远远不够的。必须改变激励机制。如何调动员工工作的积极性？桑迪宣布，业绩最低的10%的员工将不再有奖金，而业绩最好的员工，将会得到高达薪水

100%的奖金。

对于桑迪和他的管理团队而言，几乎都没有接触过消费信贷业务，他们必须学习新的业务。这些人为了共同的目标拼命工作着。既然大家都是新手，就不会害怕出丑。这个团队在学习新的业务时，自然而然地形成了一个有凝聚力的团队。他们经常共进晚餐，一起喝着鸡尾酒、抽着雪茄探讨那些对于每个人来讲都陌生的业务。桑迪经常会要求他们每个人都说出自己的想法，还会要求他们推荐一个解决方案。这不禁使我们想起了桑迪最早创业时，他和阿瑟、罗杰等人也经常举行这样的晚餐，探讨公司未来的发展。每天，桑迪都会在公司巡视，和员工交谈。

这时的桑迪作为一个领导者日渐成熟。管理希尔森时，他经常当众发脾气。那时，通常是彼得充当他和下属之间的润滑剂。现在，他学会了更好地控制脾气。桑迪清楚地记得，在宣布第一次股息派发的那一天，新闻发布后，查克·普林斯才发现他的签字日期比法规允许的早一天。查克赶紧跑来告诉桑迪，没等他的话说完，桑迪就打断了他，破口大骂长达三分钟之久。桑迪突然注意到查克震惊的表情，马上意识到自己的行为在新下属面前太失当了。桑迪一脸窘迫，他只能说："我想你现在知道你已经完全是自己人了。"当然，更多的时候，桑迪已经能够更好地控制自己的情绪了。

一年的时间转瞬即逝，这一年里，商业信贷公司真正脱胎换骨了。上市一年后，在大部分其他金融服务股票停滞不前的情况下，商业信贷公司的股票价格上涨了50%，达到30多美元。桑迪建立起了一流的管理团队，大幅削减了成本。商业信贷公司的信用等级一次次提高，标准普尔就把公司从B、B+提高到了A-。

更为重要的是，商业信贷公司的企业文化被彻底改变了。桑迪让全体员工有了新的感觉：我不只是公司的一名员工，我还是这个公司的合伙人。桑迪建立了新的员工持股文化。他要求公司的每一名管理人员都必须持有公司股票。如果有谁想卖掉股票，首先要征得桑迪的同意。甚至在第一次管理层会议上，所有人都穿上了同样的T恤衫，正面印着"努力工作"、背面印着"买商业信贷公司股票"。在桑迪的努力下，不仅是管理人员，就连分支机构的所有员工也都有了公司的期权。

当时这只是营造企业文化的一种手段，然而几年后，他们却有了意想不到的收获。商业信贷公司的出色业绩，让很多持股员工由平凡的上班族变成了百万富翁。

在收购了商业信贷公司后，桑迪的门前已经不再是门可罗雀了。很多银行家甚至揣着协议来与其商讨收购事宜。1988年桑迪将新的收购目标瞄准了普莱莫瑞卡公司。这是一家规模远远大于商业信贷公司并有着多样化服务的公司。收购意味着桑迪再一次上演小鱼吃大鱼。

普莱莫瑞卡公司的前身是美国制罐公司。他的创始人格里·蔡曾经是著名的神童基金经理人。20世纪80年代，普莱莫瑞卡公司拥有美邦等数家保险公司、一家大型共同基金、一家抵押贷款公司、多家酒店和零售公司。但蔡为了扩张而过度举债，使普莱莫瑞卡公司陷入了困境。桑迪的一个朋友艾拉·哈里斯向桑迪建议收购普莱莫瑞卡公司。

几个月前，桑迪就找过蔡谈收购的事，但蔡根本不为所动。然而现在，一切已经不同了。伴随着过高价格买入美邦失利的是，标准普尔打算降低普莱莫瑞卡公司的信用评级。这意味着投资者不再信任蔡和他的公司了。

桑迪找到了摩根士丹利的鲍勃·格林希尔，请他调查蔡的谈判起点。蔡提出要每股40美元的收购价格，这个价格高得离谱。但这还是蔡的起点价。桑迪不愿支付这么高的价格，他提出要在出价前进行会谈，以便更好地了解公司。

在接下来的调查中，桑迪了解到了普莱莫瑞卡公司的财务状况、保险业的经营风险和公司内部的矛盾。

到底报一个什么样的价格呢？肯定不能是40美元。桑迪故意说了一个极低的价格，他的报价是28美元。艾拉被这个报价吓坏了，他喊道："你真是疯了，蔡根本不可能在这个价位上和你谈收购。"桑迪则回答道："29美元怎么样？不能再高了。"艾拉大笑，他觉得桑迪简直是在开玩笑。蔡只会提高收购价格，怎么可能降低呢？更何况这个价格低得令人难以置信。但桑迪知道，蔡根本就没有多少出价者，他现在的处境已容不得他再讨价还价。桑迪随后将最后的收购价格提高到了32美元。这与蔡的出价仍相去甚远，但蔡一定会同意。果然，蔡

接受了这个价格。一向处于进攻状况的蔡不得不退让。

接下来就要落实收购了。桑迪认为，他可以付给管理层3000万—4000万的补偿安排。但令他吃惊的是，蔡竟然要求1亿美元的补偿款。他为自己要了3000万美元。余下的分给其他10名管理者。这简直是抢钱！蔡的公司在前一年里损失了一半的价值，怎么还能得寸进尺地要求高额补偿呢？

不仅如此，蔡向桑迪提出要签署一份长期的管理合约。他要有年薪、要有权力使用公司的飞机。更为无耻的是，蔡竟然要求公司支付报销"款待客户"的酒窖费用。

这让桑迪想起自己的父亲迈克。迈克当年生意失败的一个原因，就是把公司的钱用于个人的挥霍而不是投资。桑迪对此厌恶至极，他打算拒绝蔡。最后，是鲍勃阻止了桑迪，他劝告桑迪不能为一些细枝末节毁掉这宗价格15亿美元的收购。

桑迪的愤怒无处发泄。他告诉鲍勃："和艾拉到男厕所去把交易定下来吧。那才是解决这种问题的合适场所！"

无论如何，收购还是顺利进行了。对普莱莫瑞卡公司的收购使商业信贷公司实现了真正意义上的蜕变。

桑迪再一次展示了通过收购处于困境并且业务处于低谷的公司来创造价值的能力。

# 第四节　收购旅行者

> 我妻子称我为"现实的梦想家"。"梦想家"是说我们公司的发展永无止境，"现实"则意味着我小心谨慎，每次只跨出一步。
>
> ——桑迪·威尔

琼妮经常说桑迪是一个"现实梦想家"。"梦想家"是说公司的发展永无止境，"现实"则意味着桑迪每次只跨出一步。这次的这一步是旅行者。

仲夏的一个早晨，鲍勃·格林希尔给桑迪打来电话，询问桑迪是否有意向收购旅行者的股份。鲍勃告诉桑迪，旅行者公司聘请摩根士丹利为其寻找一个大的战略投资者，他们愿意卖出不高于20%的股份。对桑迪而言，这可能是一个好机会。

旅行者集团是保险业的巨头之一，业务范围比较广。在20世纪80年代的房地产热中犯下了致命的错误。它只看到了房地产的升温，没有意识到潜在的风险，将大量投资放在了商业抵押贷款上。最初，旅行者确实扩张比较快。但随着房地产市场的崩溃，这家保险公司的钱都放在了房地产市场，没有足够的现金来支付赔偿。

在房地产市场发展最好的时候，旅行者将其500亿资产的40%用于投资房地产业务。到了1992年，尽管比例有所下降，但旅行者仍然有140亿美元的房地产贷款，其中的不良贷款高达50亿美元。旅行者的错误投资也损害了其信用评级。旅行者面临着被信用评级机构降级的危险，一旦评级被降低的话，其最主要的人寿保险业务将受到致命的打击。人们是不会相信一个信用不好的保险公司的。

桑迪在哈特福德的旅行者总部见到了CEO埃德·巴德和他的管理团队。巴德从50年代就在旅行者工作，从一个小职员到80年代成为公司的CEO，他的全部心血都在这家公司上。数次会谈后，桑迪逐渐发现了问题。这家公司的经营成本太高，高级管理人员的创造性严重匮乏。最要命的是房地产业务，这是危机的核心问题。

桑迪提出，旅行者必须大幅提高房地产业务的准备金，并清理那些不良贷款。他向董事会要求四个席位并建立新的管理委员会，管理投资和准备金等业务。桑迪将投入5亿美元，他希望获得稍高于20%的股份。每股出价17美元，这要比市价稍低。埃德·巴德不想出让超过18%的股份。桑迪的态度强硬，他虽然不能完全收购旅行者，但也不希望将来有第三方进入损害他们的经济利益。桑迪希望自己能够是旅行者的大股东，这样他在旅行者才能有所作为。桑迪知道，埃德一定会同意自己的意见，桑迪愿意等待埃德的同意。

事实上，这个等待没有经过太长的时间。一场名为安德鲁的飓风改变了谈判的进程。这场五级飓风显示出了大自然的威力，它横扫整个迈阿密南部。旅行者面临了4亿多美元的索赔。这时的旅行者根本无力支付这笔赔偿，即使桑迪提出更为苛刻的条件，他们除了接受也别无选择。

这时的桑迪已经完全主导了整个谈判。桑迪提出他将出资7亿美元购买旅行者的股份，并且其中的5.5亿美元是现金。这可以迅速解决旅行者的理赔问题。但桑迪提出，他现在要购买的不是20%的股份，而是27%的股份。巴德不得不接受了这一切。

1992年9月1日，收购的消息正式发布，在收购第一天的交易中，旅行者的股价上涨了18%。到了12月正式完成收购时，普莱莫瑞卡的股价达到了48美元，总市值增加了80亿美元。投资者相信新的资本注入后，旅行者会有光明的未来。

桑迪并不希望只持有一家公司的少数股份，这不利于他的管理。但桑迪也知道，这次是以极低的价格换取了参与公司经营的权力，凭借自己的能力，一定有完全收购这家公司的办法。桑迪已经看到了保险业合并的趋势，自己在这一方面，已经走在同行业者的前面。

旅行者虽然遇到了危机，但它的品牌效仍不容忽视。它是最老和最具认知度的品牌之一。合并后在推进多样化金融服务方面有着很好的前景。但现在必须解决旅行者的问题，这样才能更好地推进它的发展。收购结束后，旅行者成立了包括杰米、鲍勃、巴德和他的三名高层管理人员在内的特别管理委员会，以便更好地了解旅行者的问题。桑迪委派鲍勃进驻旅行者总部，了解改善公司管理的方法。

桑迪发现，自己的新合作者真的是天生的乐观主义者。在旅行者刚刚几乎经历了破产的命运后，这些管理者们还能够对行业发展做出如此积极的评价，构想公司未来发展的蓝图。这让始终处于忧患意识中的桑迪感到不可思议。

另一方面，鲍勃也发现了公司成本高的一个重要原因，那就是惊人的浪费。旅行者的管理者似乎不知道应该如何降低成本。例如，旅行者有一个庞大的天气预报部门。这在资讯发达的时代，几乎是不可想象的。普通人都可以不花一分钱免费收听电视里的天气预报，一个大公司竟然为此专门设立一个部门。更可笑的是，鲍勃发现，这家公司聘请的首席医师竟然是个牙医。

这一切必须有所改变，鲍勃催促桑迪去和巴德交涉。但这时的桑迪更加理智，他知道，要着眼于大局。他尽力地结交巴德，希望巴德能够站在自己这边，而不是直接干涉旅行者的事务。

1993年，桑迪已经充分了解了旅行者，他觉得是时候全面收购旅行者了。桑迪成功地削减了旅行者的房地产业务，接下来，就是收购剩余的73%股份。没有对旅行者的绝对控制权，就无法真正实现转变。

桑迪不断地向埃德和旅行者董事会阐述合并的优势。埃德在犹豫着，但董事会中已经有很多人开始接受桑迪。一位董事在私下里告诉桑迪完成合并的核心是埃德："你必须尊敬地对待巴德。只要你正确地对待巴德，让他认为这对社会有好处，你就会得到这家公司。"在桑迪不断的游说下，埃德终于答应给普莱莫瑞卡一个向董事会陈述合并价值的机会。

强健的资产负债状况、宽阔的销售渠道、优良的财务业绩记录，这一切都显示出普莱莫瑞卡是合并的最佳选择。可是，埃德还是没有点头，他到底在犹豫什么呢？桑迪百思不得其解。9月初，第一波士顿公司著名的合并与收购银行家加里·帕尔给桑迪打来了电话，要求见面。桑迪知道，旅行者此时正在咨询第一波士顿公司。此时与帕尔见面，也许能够了解埃德的真实想法。

这次会面让桑迪真正认识了埃德，也理解了之前那位董事告诉桑迪要"尊敬地对待巴德"的意义。和蔡不同，蔡在整个收购中拼命地为自己和高层谋求个人利益，而巴德所担心的是他的员工，是合并后桑迪是否能保证他的员工的福利。

帕尔告诉桑迪："如果你能保证，并公平地对待埃德，你很可能将赢得收购。"

赢得了埃德的信任，之后的会谈变得容易多了。1993年9月的第三个星期六，在桑迪格林威治的家里举行了最后一次会谈。谈话很快开始针对员工福利问题，旅行者需要针对其员工的保证，而桑迪毫不犹豫地承诺对所有有资格的退休人员给予终身福利。对于自己，埃德把个人问题放在最后，只提了一个小小的要求："我希望你能为我兑现近年来我所得到的代替现金奖金的期权。"埃德的高尚人格不仅在过去赢得了旅行者董事们的尊重，也赢得桑迪的尊重。

桑迪有个漂亮的苹果园，埃德说："我想与我的团队到你的苹果园去散散步。"回来时，埃德伸出手宣布："你赢得了收购。"

桑迪为旅行者余下的股份支付了每股38美元的价格。这还远远不够，股东们的投资回报在一年的时间里翻了一倍还不止。同时，评级机构也很快提高了对旅行者债务的评级。1993年底，所有业务的评级都达到了"A"级。

短短的6个月，桑迪和他的伙伴们就在证券业和保险业获得了领导地位。为了提升企业形象，母公司改名为旅行者集团。他甚至成为著名的美国名人高尔夫球赛的最大赞助人。要知道，这可是美国最多人观看的体育赛事之一。

当桑迪处理旅行者的事宜时，运通出了问题。运通3年里亏损两次，特别是1992年，美国运通宣布亏损了1亿多美元。1993年1月，运通董事会罢免了CEO吉姆·罗宾逊，以哈维·戈卢布取而代之。桑迪终于体会到了复仇的快乐。也许运通也正在懊悔他们放弃了桑迪，可是一切已经无可挽回了。

对于桑迪而言，这种复仇的快乐转瞬即逝。毕竟，希尔森曾经是他心血的结晶，虽然他曾失去过，但仍然不愿意看着希尔森真的毁灭。运通的问题给了桑迪重返希尔森的机会。戈卢布曾经是桑迪的老朋友，而戈卢布本人也是一个理智的管理

者。桑迪给戈卢布打了电话："祝贺你成为运通的CEO。我知道你要处理很多问题，资产负债表、希尔森、纽约的房地产业务，等等。如果你决定要出售希尔森，希望你能把它卖给我。我非常熟悉这家公司，我相信你能很快和我达成协议。

一个真诚地想买，一个迫切地想卖，两人一拍即合，很快达成了协议。桑迪收购希尔森，并接手了美国运通在曼哈顿的格林尼治街的房产。这些房产在资产负债表上的账面价值大约为10亿，是当时市价的两倍，哈维对扔掉了这个烫手的山芋而高兴。同时，哈维要求美国运通获得希尔森利润的一部分，桑迪答应了他的条件。哈维一再地游说桑迪在收购希尔森的同时买下莱曼兄弟，他开出了极低的价格。然而，桑迪拒绝了莱曼兄弟，他不喜欢莱曼兄弟风险过高的业务。若干年后，桑迪仍为这个决定感到懊悔不已，因为莱曼兄弟后来有了良好的业绩。

虽然有点小小的遗憾，但这并不影响希尔森的顺利收购。一杯咖啡的时间里，一笔10亿美元的收购协议达成了。和离开希尔森后的艰辛相比，回到希尔森竟然是那么风平浪静，那么出人意料地顺利。

这笔收购，是美国证券业历史上最大的一笔收购。他让此时的美邦希尔森从一个只有不到3000名股票经纪人的小公司变成了拥有近500个办事处和1.2万股票经纪人的业内领导者，其共同基金资产也翻了一番，成为美国第四大共同基金。宣布收购的6个月后，股票价格上涨了近30%。

在达成收购协议后，桑迪在全国到处巡游，拜访那些曾经共事过的股票经纪人。两周里，他拜访了近一半的股票经纪人。对于桑迪而言，事业上的成就固然令他高兴，能够重回希尔森，与过去一起奋斗过的朋友们再次共事更令他欣喜若狂。

成功收购希尔森，为下一步收购旅行者奠定了坚实的基础。希尔森庞大的经纪人军团可以推动高端客户交叉销售人寿保险和年金产品的业务。

# 第五节　失败的投资

> 当一家公司存在大量内斗时它将永远无法实现最好的业绩。我要奉劝企业领导者决不能容忍这种行为，应该坚决解雇任何损害他人的人。容忍争斗就好像容忍癌症——就算看上去很小的问题也会侵害整个公司。
>
> ——桑迪·威尔

收购旅行者之后，桑迪聘请到了摩根士丹利的总裁鲍勃·格林希尔。格林希尔是桑迪的好朋友，也是一位出色的投资银行家。本来，他计划建立一家投资银行，希望桑迪能够投资。而桑迪转而希望他能够到美邦希尔森来工作，在内部建立一家一流的投资银行。因为桑迪正希望将零售和投资银行业务融合在一起，20世纪70年代和80年代，桑迪一直试图在希尔森内部建立一家投资银行，但失败了，现在桑迪觉得他终于找到了一个有能力实现这一目标的人。他正在谋划着以零售业务为跳板建立一家领先的投资银行，格林希尔的加入加快了这一步伐。

令桑迪吃惊的是，这位老朋友的条件相当苛刻。他首先要求签订一份长达10年的合约，要求桑迪提供美邦希尔森利润的一部分。他还要求从摩根士丹利聘请他的两名老部下，并提供丰厚的报酬保证。鲍勃的理由是，桑迪让他放弃建立自己的公司，因此如果希望他加入，就必须答应他的条件。对投资银行业务的追求让桑迪同意了鲍勃的条件：支付鲍勃美邦希尔森超过5000万美元利润部分的2%，外加以股票形式支付的2000万美元的任职奖金，合同期为7年。

事实上，他们的蜜月期只维持了相当短的一段时间。桑迪很快就意识到，对格林希尔的投资是失败的。而聘用格林希尔所产生的负面影响持续了相当长的时间。

最初的一切显得那么美好，当投资者知道鲍勃将加入公司后，股票价格上涨了近8%。加入公司3个月后，鲍勃就带来了桑迪所希望的高端业务。他与萨默·雷石东有很好的关系，公司很快就开始为维亚康姆公司对派拉蒙影业80亿美元的收购提供咨询。后来，维亚康姆公司在收购百事达娱乐公司时又再次聘请他们。一切似乎预示着高端客户的增加，这使桑迪感到美

邦希尔森终于打入了上流社会。

然而，事情变得越来越不妙。鲍勃的管理风格让桑迪和其他管理者都无法接受。鲍勃梦想着建立一个一流的投资银行，他大把地花钱，根本不考虑成本。鲍勃从摩根士丹利聘请了20多名投资银行家，与他们签订了多年合约，付给他们的薪水高得令人瞠目。更不像话的是，他给秘书的薪水竟然达到了六位数！鲍勃不断地强调："纳入昂贵的人才，才能建立长期的事业。"高薪引进人才是对的，但鲍勃的人才似乎太贵了。

鲍勃的银子花得像流水一样，他带来的效益却微乎其微。鲍勃刚来时带来的大量新业务曾让桑迪兴奋不已，但他很快就发现，这些新的业务却业绩平平。鲍勃和他聘用的新团队所做的工作就是把他们在摩根士丹利的老客户挖过来而已。

2月，联邦储备委员会大幅提高利率，之后又有几次提升。利率上涨引发投资者的恐慌，股票下跌直接导致了投资银行交易枯竭。而鲍勃的用人计划只看到了昂贵的代价却看不到实际利润。鲍勃引以为豪的投资银行业务带给公司的只有触目惊心的赤字。桑迪不得不敦促杰米限制鲍勃的大手大脚。

鲍勃向桑迪提出公司要实现国际化，应当建立一个新的亚洲投资银行部门。桑迪同意了他的意见，在香港和北京设立了豪华的办事处，开始在这一地区寻找收购业务。然而，这项业务除了烧钱外没有任何收益，最后不得不放弃了。3月，《华尔街日报》发表了一篇题为《美邦未能挤进投资银行的上层圈子——努力两年之后仍处于行业弱势地位，高价聘用人才亦无

济于事》的报道，报道描述真实准确，令桑迪沮丧极了。

另一方面，鲍勃的管理能力进一步受到质疑。鲍勃经常一连几天不到公司上班，寻找新的业务。这对一个营销人员来说没什么问题，可是对一个CEO而言，经常不在公司，就意味着无法及时做出决策。当初极力支持他的杰米也开始对他不满。鲍勃和当年的马歇尔一样，并没有真正理解一个优秀的管理者到底应该做些什么。事实再一次证明，优秀的推销员并不一定是一个优秀的管理者。

与此同时，鲍勃与杰米的矛盾日益尖锐。在一次一次的收购中，鲍勃与杰米不断地相互了解，两人都非常欣赏对方。开始时，两人合作得非常愉快，杰米负责零售业务，鲍勃负责寻找新的投资银行业务。然而，鲍勃频繁地缺席公司的会议令杰米恼火极了。公司经常找不到CEO，很多决策无法及时做出，杰米开始抱怨不已。另外，由于鲍勃的成本过高的问题，桑迪不得不敦促杰米关注损益状况。这也令鲍勃非常不愉快，他们的关系因此恶化。杰米开始在管理会议上公开批评鲍勃，这令鲍勃觉得他作为CEO威信扫地。两人经常轮流来找桑迪倾诉对对方的不满，这一切让桑迪备感疲惫。

最后，杰米和鲍勃的关系真的无可调和了。桑迪试图让他们两个坐在一起解决问题，但两个人针锋相对，丝毫不愿退让。1995年下半年，怒气冲冲的杰米再也不能忍耐了，要求桑迪解雇鲍勃。桑迪努力说服双方都做出让步，他想鲍勃负责客户管理，杰米则负责公司的日常管理。但鲍勃坚决反对，他甚至搬出了当初签订的合约。他告诉桑迪，他加入公司担任的是CEO，而不是一个客户经理。

这时，桑迪开始后悔当初的决定，如果这时解聘鲍勃，就要付出巨大的代价。桑迪不断努力调和鲍勃和杰米的关系，琼妮和桑迪几次请鲍勃和他的妻子盖尔参加周日的晚餐，劝说鲍勃尝试与杰米改善关系。可是，两人真是已经到了水火不相容的地步。在12月的最后一次晚餐上，鲍勃发出了最后通牒："杰米或者我必须走一个。我就知道你不会解雇杰米，所以很明显将要发生什么。"这时，桑迪唯一能做的就是就分手进行谈判了。鲍勃离开之后，随着零售业务的提升，美邦希尔森的业绩也改善了。虽然鲍勃没有提升美邦希尔森的投资银行业务，但桑迪想要建立具有竞争力的投资银行业务的想法却没有改变。

虽然鲍勃和杰米的问题影响了公司的发展，但这没有对旅行者集团的整体发展产生太坏的影响。在20世纪90年代初期到中期旅行者集团的业绩令同行羡慕不已。在商业信贷公司上市后的10年里，公司已经创下令人羡慕的纪录：每股盈余年复合增长率为24%，最初的股东从他们的投资中获得了高达1000%的回报。

在10年之间，公司的年收入从10亿美元增加到210亿美元，利润则从4600万美元激增至23亿美元。1996年的公司资产为1510亿美元，比1986年增加了31倍。10年间，这间小公司的市场价值已经超过了美国运通。当年桑迪曾为能成为运通的总裁而沾沾自喜，如今他的公司已经站到了企业世界的塔尖。1997年初，一项《财富》的调查显示：10年里桑迪让公司的市场价值增加了330亿美元。难怪通用前CEO杰克·韦尔奇说："桑迪是那种能用空气赚钱的人。"这个骄人的业绩连巴菲特都望尘莫及。

这一时期的业务虽然喜人，但对于桑迪而言，更令他骄傲的是外部慈善活动的增多。桑迪不仅一直接任卡内基音乐厅董事会主席，为音乐厅服务，也为康奈尔大学的发展贡献着自己的力量。

我们还记得，当桑迪最失落的时候，投身于卡内基音乐厅的筹建曾给了桑迪新的希望和勇气。因此，桑迪一直是卡内基音乐厅的忠实支持者。这也使桑迪更加积极地从事慈善事业。

桑迪一直是康奈尔大学医学院的监管委员会委员。1995年，桑迪成为监管委员会主席。他不仅为学校的建设捐款，也积极为学校的发展献计献策。

最开始琼妮和桑迪看到计算机教育对学生的重要性，先捐了一笔钱，为学生宿舍安装计算机。很快就觉得这远远不够，于是又捐了一大笔钱，建立一个完善的计算机实验室兼教育中心。当时康奈尔大学的系主任每几年就更换一次，桑迪意识到，这样频繁的更换，很难保持领导的连续性。任期太短，领导就会把重心放在如何在自己的任期内做出成绩上，而不是关注学术的发展。因此，他开始积极奔走，敦促学校下放决策权和延长学校系主任的任期。我们看到，桑迪真的是为学校的发

展考虑，而不单纯是捐钱了事。学校很快邀请他担任医学院董事会主席。

桑迪在自传中谈到了慈善事业对他的影响："参与教育事业开阔了我的眼界，让我知道知识可以赋予人们力量。同样地，在我作为卡内基音乐厅和韦尔康奈尔医学院主席分享我的商业技能的同时，我获得了毫不逊于担任花旗集团CEO的个人满足感。我现在明白，如果你帮助慈善事业，你将能够更好地经营你的私人事业。"

# 第六节　杰米变了

> 他们想要更大的职责，他们还想要自己认为应得的承认。他们长大了，需要自己的空间。不过，他们不知道如何分手。
>
> ——琼妮·威尔

鲍勃的离开让桑迪失望，但在这个过程中，杰米也令桑迪生气又失望。其实，在鲍勃加入美邦希尔森之时，杰米就已经开始了。不知从什么时候开始，杰米把自己当成美邦最重要的日常决策的人。他经常越过弗兰克进行决策，并且直接向桑迪抱怨弗兰克·扎布的管理能力不足。

事实上，弗兰克·扎布表现得要比杰米理性多了。桑迪一直没有勇气告诉他格林希尔的事，直到新闻发布会前两天。弗兰克虽然失望，却表现得非常绅士。他不仅参加了记者招待会，还接受了别的职位继续在公司工作了。一年半后，他到了保险经纪公司亚历山大-亚历山大公司担任CEO。

而鲍勃与杰米的良好关系只维持了短暂的一段时间。两人的关系很快恶化。1995年下半年，杰米竟然要求桑迪解雇鲍勃。杰米与另一位管理者乔的关系更加糟糕。桑迪逐渐发现，杰米无法与许多高级管理人员相处。从弗兰克到鲍勃，他都无法与之相处，必欲除之而后快。在聘用鲍勃时，杰米表现出非常积极的态度，他利用鲍勃挤走了弗兰克。可还不到一年半的时间，他就转而推动解雇鲍勃。这让桑迪吃了一惊。鲍勃有问题，但他是一名优秀的银行家。作为领导者，想的应该是如何更好地使用鲍勃而不轻易放弃。没有人能和自己一模一样，即使是自己，也会随时发生变化的。所谓知人善任才是用人之道。可杰米不这么想，只要不符合他的想法，那就必须离开，这可不是一个成大事者应有的胸怀。

这时的杰米处于极度的自我膨胀之中，杰米越来越觉得自己是公司的元老，是公司不可或缺的人物。他总感觉桑迪对他的重视不够，总觉得自己是CEO的不二人选。也许过去杰米觉得自己理所当然是桑迪的继承人，现在他则认为自己应该取而代之了。

杰米开始醉心于权术，在美邦希尔森内部组成了包括查理·沙尔夫和董事会副主席卢·格鲁克斯曼在内的心腹集团。这群人开始鼓动杰米争取更大独立性。杰米的"黑手党"在其他人面前公开批评桑迪，为杰米摇旗呐喊。随着弗兰克、鲍勃和乔的离开，杰米的权力意识变得更加更加强烈。他对桑迪越来越无礼，常常在其他管理人员面前让桑迪下不来台。

杰米不是一个善于隐藏自己想法的人，他经常公开表达不同意见。在杰米还是一个实习生时，他就敢对公司的决策提出质疑。但这也曾是桑迪欣赏的一点。现在，杰米说话的语气完全不同了，他说话变得充满攻击性。在每月的管理会议上，杰米公开挑衅桑迪。甚至于在一次会议上，他当着所有人的面指责桑迪说："你在犯一个错误。你，桑迪。"他对桑迪连最起码的尊重都没有了。无论他和桑迪之间有什么矛盾，桑迪毕竟是长者。然而，杰米似乎已经忘记了这一点。

杰米还指示他的手下不要对桑迪透露信息。一天，桑迪向美邦首席财务官查理·沙尔夫询问财务状况时，他竟然说他没权向桑迪提供相应的信息。桑迪应该先问杰米的意见，杰米同意了他才能向桑迪汇报。这太过分了，哪有CEO无权了解公司情况的先例。杰米这时真的把自己当成总裁了。更为过分的是，杰米甚至不让桑迪参加美邦的会议。他反复要求桑迪不要参加他的管理会议，这对桑迪简直是侮辱。"你让我的下属感到害怕，在你出现时他们说不出自己的想法，"他说，"你不应该参加任何会议，那没道理。我会告诉你任何你想知道的信息。"这等于告诉桑迪，你什么也不用知道，你最好什么也不

管，我来当这个家就可以了。

内部的冲突争斗让桑迪讨厌。对一家公司来说，权力斗争永远是可怕和破坏性的。桑迪在自传中提到："当一家公司存在大量内斗时，它将永远无法实现最好的业绩。我要奉劝企业领导者绝不能容忍这种行为，应该坚决解雇任何损害他人利益的人。容忍争斗就好像容忍癌症，虽然看上去问题很小，但也会侵害整个公司。"同样地，桑迪要告诉年轻的管理人员不要屈服于这种行为，如果一家公司不把团队合作放在优先位置，请考虑去别的公司。

桑迪突然意识到，杰米已经不是那个放弃运通和自己一起创业的小伙子了。桑迪嗅到了危险的气味，杰米的态度是一个信号：他想取而代之，自己成为CEO。

*Sandy Weill*

第六章　圆　梦

*Sandy Weill*

# 第一节　花旗——出人意料的想法

"你这种做事的方式不对头，你会累垮的。你承担的事情太繁重，光靠你个人是完不成的。现在你听我说，我要给你一个建议——你应当从百姓中挑选出能干的人，封他们为千夫长、百夫长、五十夫长和十夫长，让他们审理百姓的各种案件。凡是大事呈报到你这里，所有的小事由他们去裁决，这样他们会替你分担许多容易处理的琐事。如果我能够这样做事，这是上帝的旨意，那么你就能在位长久，所有的百姓将安居乐业。"

——《圣经》

一个大型组织的管理者，需要做的是授权和只过问那些较低层管理者不能解决的例外问题，桑迪深谙此道。多年来一家接一家地收购公司并没有影响桑迪对公司的管理。他明白管理的关键在于让一群聪明的管理人员按照共同的日程工作。

桑迪的一条管理成功的原则就是要"一起学习，一起战

斗"。他非常重视企业管理的团队的建设。旅行者集团的计划小组每个月都会在阿尔蒙克会议中心或者某个休闲疗养场所召开会议，探讨公司未来的走向、解决公司出现的问题。这种非正式的决策方式，鼓励管理团队坦率而充满激情地提出问题，能够让管理团队中的每个人像所有者那样思考。桑迪定期分享他们的想法并互相质疑，也能够定期审查公司的问题和详细了解感兴趣的事务。

12月中旬，旅行者集团的计划小组在阿尔蒙克开会。和以往一样，这些集团的精英们围坐成一个大大的半圆，共同探讨着集团未来的发展问题。这次的议题就是："我们接下来做什么？"桑迪希望大家设想新的合并伙伴："不要担心法律或监管限制问题。只管提出好的合并想法。唯一的标准是必须是具有多样化的利润来源、雄厚的资产和可观的国际业务的公司。"

在其他人看来，这是一个奇怪的问题。在最近一次收购刚刚结束时就开始探讨下一次收购是令人无法想象的。要知道，桑迪的企业发展正是在一次次的收购中完成的。收购已经占据桑迪的思维，并定期出现在他们的日程上。

与会成员开始一个个提出他们的想法。从本土的美林、高盛到国外的汇丰（HSBC）或ING。一个个的企业出现在活动演示板上，最后，有人提出花旗公司，桑迪立即听到一片哄笑："你在开玩笑——花旗与我们不是一路的……那不会是合法的——这是小问题……我们还是现实些吧……"要知道，花旗银行是美国最大的银行，也是全球金融服务业毫无争议的领导者。收购花旗，简直是痴人说梦。但迈克打断了他们，毕竟，这样的活动的目的是为了开拓大家的突破性思维。于是，他们开始列举花旗公司的优点。

讨论越深入，所有的人越觉得除了可行性，花旗公司真是一个理想的合并对象。花旗公司有着200多年的历史，是一家国际性的大公司，在100多个国家开展业务。花旗公司的主打业务是银行服务，在几乎所有银行产品上拥有令人羡慕的优势。旅行者集团则拥有除了银行业务外的几乎所有金融产品。如果两家真的能够合并，那么它将成为金融行业的一艘航空母舰。

# 第二节　我要试一试

> 不论怎样成功，我从来看不到停下来的地方。我总是能够承担风险，达到下一个高度。
>
> ——桑迪·威尔

桑迪和花旗公司的CEO约翰·里德已经相识了超过25年。20世纪70年代，桑迪和约翰都是一家名叫阿伦房产的房地产公司的董事。这家公司后来陷入困境濒临破产。当人部分其他董事大难临头各自飞时，约翰和桑迪却紧密合作以挽救各自的利益。这段共患难的经历使他们惺惺相惜，这之后两人更是经常碰面。

几年前，桑迪和约翰曾就花旗公司为旅行者集团分销产品的事宜有过交流。而在旅行者集团的计划小组召开会议前一个月，也就是1997年11月，桑迪与约翰曾见过面。那是在皮埃尔酒店举行的为犹太神学院举办的捐赠活动。桑迪的好友葛森·凯克斯特是该神学院的董事，桑迪每年都要主持这一活动，这一次约翰是主要嘉宾之一。那天晚上的氛围真是令人愉快，以色列当时的工党领导人和不久后的总理埃胡德·巴拉克受邀发表主要讲话，约翰和桑迪互相给予了很高的赞誉。这一晚拉近了约翰和桑迪的距离。

于是，当后来计划小组在会议上提出和花旗公司合并时，所有人都觉得花旗不可能愿意合并。毕竟，花旗公司拥有近200年历史，是华尔街上最古老的银行，而旅行者虽然算是行业新贵，但也只有12年历史。用中国人的话说，这实在是一个门不当、户不对的结合。但桑迪觉得，他至少可以和约翰谈一下。谁又能预知未来呢？当年和运通的合并、和旅行者的合并，所有人也都觉得不可能。可这些不是一步步都实现了吗？更何况，花旗公司是那么理想的合并对象。

事不宜迟，桑迪压抑自己的兴奋，给理德打电话说："约翰，我有一件有趣的事想和你谈谈。我想当面谈。我们能安排一天见面吗？"两个大忙人都没有马上会面的时间，最后两人商定明年2月在华盛顿举行的由顶尖CEO参加的工商大会见面。他们约定在会议第一天晚上的晚餐之后在桑迪的酒店房间里会面。现在是12月，桑迪还有两个月的时间思考如何说服约翰把这个大胆的设想变成现实。

桑迪先后两次召开管理人员会议，试图了解与花旗公司合并的必要性和可行性。出于保密的需要，他没有把花旗公司直接摆到台面上，而是讨论了本年的优先事务，并重温了潜在收购对象。他尽可能地少说，积极参与讨论。通过两次会议，桑迪愈加意识到合并对旅行者集团的重要意义：目前的旅行者集团的业务极大地偏向保险、证券经纪和消费者金融，而这些行业在国际化规模上很少有联合的机会。要想有所突破，成为金融服务业的领导者，必须要有一个商业银行作为合作伙伴，花旗公司是最合适的选择。花旗公司的全球的100多个国家的分支机构可以与旅行者的产品之间形成很好的互补。

这是桑迪非常良好的一个习惯。他的决策正确，除了多年培养的商业直觉外，还有就是谨慎。他不会随意做出一个决策，而是会经过理性的思考。桑迪在总结自己的商业成功经验时，将其称之为"要勇敢但也要脆弱"。他在自传中这样描述："让我花费大量心血的合并和其他重要决策比我愿意承认的要多，但保持对自身弱点的认识对于成功地执行决策有巨大的帮助。我一直鼓励我的同事在我们思考问题的假设前提中寻找漏洞，并进行大量讨论。有了对想法的深信不疑和对管理团队的信任，我的谨慎会推动我们向前，而不是阻碍我们停滞不前。我希望我们的公司闪闪发光，而不是庸碌无为。"

说到这里，让我们先来认识一下花旗银行吧。"花旗"银行是中国人的戏称，原因是1902年该银行进入中国时，银行门上每天都悬挂着一面美国国旗，所以中国人都称之为"花旗银行"，100年来习称至今。

总部位于美国纽约派克大道399号的花旗银行，是华尔街最古老的商业银行之一。1812年7月16日，华盛顿政府的第一任财政总监塞缪尔·奥斯古德上校与纽约的一些商人合伙创办了纽约城市银行——今日花旗集团的前身。当时，该银行还是一家在纽约州注册的银行。在创建之初，纽约城市银行主要从事一些与拉丁美洲贸易有关的金融业务。1865年7月17日，按照美国国民银行法，纽约城市银行取得了国民银行的营业执照，更名为纽约国民城市银行。此后，纽约国民城市银行迅速发展成为全美最大的银行之一。

20世纪初，纽约国民银行开始积极发展海外业务，1902年，该行在伦敦开设了它的第一家国外分行，到1915年持有万国宝通银行之前，纽约国民城市银行已在拉美、远东及欧洲建立了37家分支机构。万国宝通银行成立于1901年，当时主要是为了发展对中国及菲律宾的贸易，次年它在上海成立了美国在华的第一家银行分行，不久又相继在远东其他地区设立海外分行32家。通过兼并万国宝通银行，纽约城市银行的海外分支网络扩大了近一倍。到1939年，花旗银行（1927年以后，纽约城

市国民银行的中文名改为花旗银行）在海外的分支机构已达到100家。

20世纪20年代花旗银行开始开拓零售银行业务。1921年成立了第一家专对个人服务的分行，1928年成为首家提供个人贷款的商业银行，70年代花旗银行的零售银行业务又获得了新的发展，它成为美国VISA卡与万事达卡的最主要发行者之一。1977年，花旗银行率先大规模将ATM机引入银行系统，目前，花旗银行已是美国最大的信用卡发行者。为把零售金融业务推向全球化同时扩展分销渠道，花旗集团于2000年11月收购Associates First Capital设于15个国家的共2600家分行，成为全球首屈一指的零售金融企业。

1929年和1930年，花旗银行先后收购了农民信贷与信托公司和纽约美国国民协会银行，在此基础上成立了花旗农民信托公司，1959年花旗农民信托公司改名为第一花旗信托公司，两年后合并于第一花旗银行，成为其信托部的一个组成部分。

1955年3月，花旗银行兼并了纽约第一国民银行，同时更名为第一花旗银行。合并后的第一花旗银行成为仅次于美洲银行和大通曼哈顿银行的美国第三大银行，1962年第一花旗银行更名为第一国民城市银行。

1961年第一花旗银行率先推出了大额可转换定期存单业务，该业务使花旗银行能够与政府债券竞争资金，花旗银行取得了新进展。同时，花旗银行进一步国际化，到1982年底，花旗银行已在94个国家拥有1490余个分支机构，海外机构的资产

和收益占花旗银行全部资产和收益的60%。

1967年花旗银行组建了控股公司——第一花旗公司，1971年第一花旗公司改组为多银行持股公司，1974年3月28日更名为花旗公司，花旗银行也同时更名为Citibank，N.A.。花旗银行是花旗公司的核心附属机构，资产在70年代中期占整个控股公司资产的95%以上，以后有所下降，在80年代该比例在85%左右。

20世纪80年代花旗公司先后兼并了加州忠诚储蓄银行、芝加哥第一联邦银行、迈阿密比斯肯联邦银行、华盛顿特区的国民永久储蓄银行。同时，其跨国业务也有了进一步发展，海外分支机构扩展到了芬兰、新西兰等国。

20世纪80年代末，花旗银行由于在海外及商业房地产方面的不良贷款而陷入了困境。1990年至1992年3年内，信贷损失准备金达到100多亿美元，1991年税后利润亏损9.14亿美元。不过，经过里德领导的三年复兴计划（1992—1994），花旗银行迅速调整了资本结构、恢复了资本实力。1995年，花旗银行净收入达到历史最高的35亿美元，资本总额也上升到了277亿美元。花旗银行的一级资本上升到了192.4亿美元，占总资产的11.9%。

桑迪把自己的想法告诉了三个人：肯·比亚尔金、阿特·赞克尔和妻子琼妮。他们都赞同桑迪的观点，如果旅行者和花旗公司真的能实现合并，一定会形成巨大的潜在竞争实力。但三人都提出了同样的顾虑，就是合并后平分管理职责的想法。琼妮是最了解桑迪的人："桑迪，你不善于分权，"她说，"是什么让你认为你能够与里德共事？"事实上，桑迪的想法是大胆且有创造性的，但分权也真的成为合并后桑迪和约翰之间的最大的问题。但是，桑迪知道，要想真正实现合并，必须要与约翰共同管理。这根本不是一个愿意不愿意的问题，而是必然的也是唯一的选择。

1998年2月25日，星期三，在飞往华盛顿的飞机上，桑迪一遍又一遍演习当天晚上要如何迎接约翰并提出自己的建议。那天晚上，桑迪虽然参加了工商大会举行的晚宴，但心思却根本没在宴会上，他一直在想着即将与约翰的会面。桑迪知道，约翰与别的合并者不同。他也许只有一次机会，如果今天晚上不能打动约翰，那么以后也许就没有任何机会了。

大约晚上9点，约翰如约来了。这时的约翰已经疲惫极了，可以看出，他对这次见面并不感冒，也许只是出于礼貌敷衍一下而已。他知道桑迪热心于慈善事业，估计桑迪要求会面可能是想让他在某次慈善晚宴上买一张桌子。约翰告诉自己，如果是这事，那就买一张25000美元的。他也愿意为慈善事业做点贡献。

"嗨，约翰。想喝杯鸡尾酒吗？""不。""喝杯红酒怎样？""不。""咖啡？""不，谢谢。"这样的开场令人不安。如何吊起约翰的胃口，桑迪决定从结果切入："干脆我从结尾开始说起，直接告诉你我想谈论的结论，如果你感兴趣，我再回过头来告诉你原因。"

停顿了一下，桑迪接着说："我认为我们应该合并，成为合作伙伴。我们会创造一家立即成为行业领导者的公司。我们会在拥有规模和多样化的同时拥有强大的资产。我们两家公司的市值几乎相同，我们能够达成合并，双方各占50%的股份，平分董事会席位，分享董事会主席和CEO头衔。大概需要3年时间使一切走上正轨，之后我们可以一同离开。"

约翰完全呆住了，他无论如何也没想到，桑迪和他谈的竟然是1500亿美元的合并。桑迪是一个令人尊敬的人，可约翰真的从未想过会选择旅行者作为自己的合作伙伴。约翰还想听更多，这令桑迪为之兴奋。毕竟，只要让他说，就有打动约翰的机会。桑迪开始了滔滔不绝的独白，从花旗公司和旅行者的业务互补谈到获得产品和分销渠道的理想，从市场地位和财务优势谈到相关的法律问题，约翰仔细地倾听着。约翰是个务实的人，不管桑迪的想法多么令他震惊，他都首先努力去了解可行性。

约翰唯一质疑的就是联合CEO，他觉得这种形式不可行。约翰想试探一下桑迪对分权有多认真："联合掌权通常不奏效。你知道你不必这样做。我尊敬你，为你工作对我来说没有问题。毕竟，我或许不会待那么长时间，因为我一直在考虑退休。"而桑迪毫不迟疑地回答："不，约翰。唯一能够成功的方式就是完全平等的合作。如果你不做我的合作伙伴，我不能保证获得你的管理团队的支持。况且，我们两个都不是年轻人。我们都有漫长而成功的职业生涯，有能力让它成功。"桑迪的回答让约翰满意，如果桑迪根本不愿意分权，那么或许就不会有第二次会谈了。约翰不是一个有极强权力欲望的人，但没有哪个CEO愿意把公司拱手让给一个和自己的资历、能力都不分伯仲的人。

# 第三节　一切皆有可能

高效的企业家了解竞争者，这样，当收购时机到来时，他们知道如何打动对方。

——桑迪·威尔

桑迪和约翰的第一次的亲密接触持续了近45分钟，约翰说："我会感兴趣。我今晚要同我妻子谈一谈。我明早早餐时告诉你。"桑迪本以为这只是约翰的客套，可是毕竟约翰没有立刻拒绝自己，这就够了。第二天早上，约翰和桑迪在吃早餐时会面了，约翰的回答令桑迪欣喜若狂："桑迪，你昨晚的提议确实打动了我。显然，你对这件事的考虑比我多得多。我今天下午就要离开，去欧洲和亚洲进行两周的旅行。我建议让我的同事保罗·柯林斯在我离开期间与你会谈，更加详细地讨论细节。一旦我们完成准备工作，我就能更好地决定是否以及如何走下去。"对于约翰这样的人来讲，桑迪所描绘的前景固然令人憧憬，但他更需要知道合并的可行性。他不是一个做白日梦的人，约翰不需要海市蜃楼，他要看到切实可能的计划。

当天下午保罗·柯林斯打来了电话。他是花旗公司董事会副主席，也是约翰的顾问。两人约定了见面时间，合并进入实质性阶段。1998年3月2日，星期一上午，保罗·柯林斯如约而来。他们来到一间私人餐厅，整整3个小时里，桑迪向保罗介绍他对合并的看法、讨论具体细节，询问保罗需要的信息。在接下来的几次会谈中，杰米主要回答保罗的财务问题，卡彭特则流利地回答业务互补的问题。最后，保罗告诉他们他已经掌握了所需要的信息。虽然没有当面表达自己的意见，但桑迪知道，保罗一定能够成为合并的支持者。

几天后，桑迪收到当时在新加坡的约翰发来的长达数页的手写传真。约翰表达了他对合并的想法。桑迪做梦都不敢想，仅仅两周的时间，当初只是一个梦想的合并竟然变成了现实。桑迪像孩子拿到了心爱的玩具一样跑到杰米和迈克·卡彭特的办公室向他们炫耀约翰的传真。

约翰回来后，正式的谈判即将开始。桑迪知道，自己要先解决杰米的问题，不能让彼得的一幕重演。事实证明，这是一个明智之举。约翰这时已经在考虑退休的问题了，即使他留任，也只是为了旅行者与花旗公司的合并后的正常整合工作而已。约翰并不知道桑迪与杰米的关系，他也许会把杰米看作可能的接班人。桑迪明确地告诉约翰："不要为了得到杰米这个接班人而进行这次合并。你必须为自己看，有些问题是你不了

解的。"约翰虽不明就里，但他没有追问。

谈判进行得如此顺利，这是任何人都没有想到的，双方合作得非常愉快。为了照顾双方的感受，公司定名为"花旗集团"，并使用旅行者的雨伞标志。谈判在星期六下午结束，星期天早上，约翰很早打来电话："我真的很期待合并，搭档。"这标志着合并真正完成。

宣布合并前的晚上，约翰与桑迪给克林顿总统打去了电话："总统先生，我们想让你提前知道我们明早要宣布的惊人交易。"克林顿礼貌地听取了这则消息并说道："听起来很令人兴奋。"长达十分钟的谈话让桑迪兴奋不已。

4月6日星期一早上7点桑迪来到花旗公司的总部大楼。琼妮和桑迪来到约翰位于第23层的办公室，与他一同听关于合并的早间新闻报道。桑迪告诉约翰："这将是金融服务业历史上最大的事件。我昨晚简直睡不着觉。"他们共同沉浸在巨大的兴奋之中。

桑迪想在这层楼里四处走一走，他不时与花旗公司的高层管理人员打招呼。每个人都热情地向桑迪微笑示意，这种感觉真是好极了。

回到约翰的办公室，桑迪给他的新搭档拿出了两份礼物：一条红色的印着蓝色雨伞标志的旅行者领带和一枚雨伞领带夹。约翰立即戴上了新的领带。约翰和桑迪将要共同出去面对媒体和分析师，并宣布他们的合作关系。

分析师会议一结束，他们就奔赴在沃尔多夫-阿斯托里亚

饭店举行新闻发布会。当约翰与桑迪走向讲台时，下面无数的闪光灯同时亮起。这一场面可以与美国国庆日相媲美。

结尾时，约翰和桑迪互相拥抱，然后他们走出饭店，沿公园大道走过五个街区回到花旗公司的办公室。记者和摄像师大军一路跟着他们。桑迪也曾无数次地面对媒体，但这次真的感觉自己像一个明星。

一天里，到收盘时，旅行者的股票上涨了18%，总市值狂增300亿美元，桑迪再次走向了辉煌。当年最初创业，桑迪曾对其他年轻的合伙人说，自己的梦想是建成世界上最大最好的金融公司，现在终于做到了。

# 第四节　危机重重

失败可能是好事。

——桑迪·威尔

在这期间，桑迪的管理团队内部发生了严重的问题，因为杰米想取代桑迪的野心和他的目中无人，他越来越难以与团队中的其他人合作。桑迪为了维持整个团队的稳定，不得不下定决心将杰米驱逐出了花旗银行的管理团队。

与管理团队的问题同时爆发的，是1998年的全球金融市场的动荡。在希尔森和花旗银行合并前，希尔森收购了所罗门公司。

1998年春，先是所罗门主打的套利业务出现了严重问题。所罗门的固定收益套利业务在同行里是领导者，在过去几年里，这一业务也确实获得了稳定的高额利润；然而，随着金融市场的动荡，这种业务的风险性突然大大地提高了。桑迪曾与杰米谈到过这一问题。后者自信地告诉桑迪，损失很快就会逆转。可是，事情变得越来越严重了。

桑迪刚刚收购所罗门的时候，杰米确实控制住了风险，但1998年初，他调整了业务敞口。虽然杰米吹嘘说他了解业务，但实际情况并不像他所说的那样。亏损越来越大。桑迪觉得一定出了什么问题。可这时杰米根本不愿意和他交流，当桑迪要求杰米做出解释时，他给桑迪的报告根本没有任何实质性的分析，桑迪只好求助于德瑞克。结果让桑迪出了一身的冷汗，这一业务与客户是冲突的。一旦银行利率向不利方向轻轻一转，可能10亿美金就溜走了。

德瑞克的一席话让桑迪大吃一惊。桑迪一直不满意套利业务不是为客户提供服务，而是占用公司资本购买自营头寸这一点。现在，桑迪发现了一些事实，让桑迪怀疑这一业务干脆与客户是冲突的。桑迪还了解到，他们在浮动利率负债的利息成本相对于固定利率市场将保持稳定或降低这一点上下了重注。也就是说短期利率的大幅上涨将给他们造成沉重的打击。只要利率向不利于他们的方向作很小的变动，桑迪和他的团队就会面临10亿美元的风险。

在深思熟虑后，桑迪决定先关闭这一业务的国内部分。8月，公司已经退出了大量业务，削减了数百亿投资资产。这一次，无论杰米如何反对，桑迪都坚持不退让。随着亚洲金融危机的到来，远离这项业务显示出这是一个明智之举。

临近1998年夏，亚洲金融危机爆发。亚洲各国利率疯狂上涨、货币大幅贬值，这直接导致了资本纷纷逃逸。而这种恐慌很快蔓延所有新兴市场，抛售之风席卷全球。紧随其后，受银行和对冲基金抛售传言的影响，俄罗斯债券开始迅速下跌，除了美国国库券以外的几乎所有债务性证券利率都上涨了，全球性衰退已经初见端倪。8月21日，金融风暴袭卷美国股票市场，道琼斯指数下跌6%，比一个月前的水平下降了近20%。美国股市经历了几乎创纪录的交易量，而股票指数则继续下滑。旅行者也在所难免，也出现了巨大的亏损。所罗门美邦的亏损为3.6亿美元，8月，旅行者的股价下跌了三分之一。现在每股30美元，比旅行者宣布与花旗公司合并的那一天下跌了40%。每当出现新的亏损或者旅行者的股价下跌一点，桑迪都会害怕这场逐渐成形的市场崩盘会毁了这一生只得一次的合并。

宣布成立花旗集团已经过去了5个月，监管部门仍没有放行。这让桑迪心焦，他担心约翰退出合并。感谢约翰，他和花旗公司都选择了支持旅行者。真是屋漏偏遭连夜雨，长期资本管理公司也出了问题。这家基金在一个月损失了44%的价值，资本降至23亿美元，比年初减少了52%。

9月22日晚上，纽约联邦储备委员会请桑迪和其他大银行和经纪公司的9名CEO参加一次危机会议，讨论接管问题。第二天早，会议再次召开，与会成员扩大为16家大银行。晚上6点过后，杰米打来电话告诉桑迪达成了协议。最终，救援行动非常有效，阻止了长期资本管理公司资产的紧急抛售，为之赢得了恢复资产价值的时间。

除了金钱上的损失，桑迪也一直担心这一切是否会损害约翰·里德对合并的信心。桑迪必须做点什么，才能让新合作伙伴重拾信心。因此，桑迪在对对冲基金的审查结束时宣布要退出这一业务。这样可以尽可能彻底和迅速地减少风险敞口。

9月24日，美联储批准合并。危机过去了，合并正式完成了。桑迪和约翰将携手迎接花旗集团全新的未来。

# 第五节　只能是一个

> 很明显的一点就是旗鼓相当的公司合并是格外困难的。
>
> ——桑迪·威尔

联合CEO的管理模式开始运作得很好。不得不说，如果没有这种形式，就不会有合并的成功。而在最初的一段时间里，约翰和桑迪的合作也很愉快。因为他们要共同面对危机，无暇考虑其他的问题。可随着危机的解除，联合CEO这种管理模式的缺点就暴露出来了。客观地说，两人从做事的风格、管理的理念到对企业未来的评估都存在着太大的差异，他们之间不是权力的争斗，而是管理理念的对抗。最后，无论花旗集团选择谁做新的CEO，都只是一个选择合适的领导者的问题。但这个过程，仍然是充满艰辛和曲折的。

约翰有很多让桑迪无法理解的行为。他的办公室在花旗中心的一个较低的楼层，办公室所在的地方不是花旗公司的主要办公地点，约翰似乎想在远离员工和客户的地方办公。电梯入口在一个购物中心的背面，这让它看上去不像管理着世界上最重要的金融业务的地方。桑迪的孙子曾告诉他："爷爷，你真幸运，你在商场里工作。"这真是让人啼笑皆非。

约翰不喜欢与人打交道。如果他出去旅行，别人就根本找不到他，他也不会给公司打电话。约翰与媒体的关系不好，他似乎一直都不知道作为一名CEO该如何讲话。

但这些都不是问题，他们之间最关键的问题是，两人的经营理念差得太多了。桑迪一直非常重视直觉的培养和果断的决定，而约翰的一个决策，却是对每一个事情研究到底，从各个角度进行分析。

著名的管理学大师西蒙曾提出了决策中的有限理性原则。管理者的理性是有局限的，由于在实际中的决策情况非常复杂，而管理者的判断力又受各种主客观条件的限制，不可能认识在给定的情形下所有备择方案的各种可能结果。因此，管理人员应寻求简单的、尚"满意"的结果，而非"最佳方案"。更何况，商场如战场，瞬息万变，如果把自己的细节真的都想明白了，那么商机也就不在了。

举例来说，如果我们要吃一碗面条，如果你打算把涉及到面条的所有知识都掌握了再去吃它，对不起，那你只能挨饿了。因为即使一碗普通的面条，其中也会蕴含着营养学、生物学、生物化学、物理学、生理学等数不清的知识。这样，我们只能在大致了解一点吃饭的知识后，比如知道它可以给你补充卡路里，你就可以着手选择是吃面条还是吃米饭。我们常常是按照这种"差不多"的逻辑来进行优先选择的。

约翰在思想上是开放的，否则也不会有花旗集团的诞生，但约翰在很多行动上是保守的。因此，在决策中，两人常常意见相左。下属往往从桑迪和约翰那里得到完全相反的指令，这令他们感到无所适从。

两人决定分工，由桑迪负责管理各种业务和公司财务，约翰负责e-City和行政工作。这个问题暂时得到了解决，两人进入了各自的领域内工作，情况有了好转。

1999年10月底，桑迪和琼妮进行了为期两周的国外旅行。他们从以色列到沙特，从埃及到印度。旅行让他们身心愉快，也让桑迪对国际业务有了新的认识。一切似乎在向好的方面发展，然而到了12月，一个偶然的机会，桑迪从一名董事那里得知，约翰正在游说董事会同意他和桑迪同时退休。他要为花旗集团寻找新的CEO。桑迪感到很吃惊，不是继承人的问题，而是约翰居然在没有征求桑迪意见的情况下擅自做出了决定。这违背了联合的意愿。桑迪与约翰·里德的关系急剧冷却，双方都退回各自的领地。

桑迪的一些同事后来这样描述约翰和桑迪在会议中的身体语言：约翰讲话时桑迪的眼睛经常四处乱转，桑迪讲话时约翰会用毛衣袖子挡住他的脸，掩饰他的皱眉。两人其实都明白，他们之间的差异太大了，双方都无法让对方接受自己的信念，两人都逐渐放弃了对方。

既然联合无法维系，那么就必须要在两人中选择一个。董事会即将投票决定去留。约翰似乎胸有成竹，他如果能留下最好，如果不能留下，那么董事会一定会让两人都离开，推选新的CEO，那么约翰正好可以退休了。可桑迪不想离开，他建立世界上最好的金融服务公司的梦想还没有实现。

董事会如期召开，董事们都对约翰和桑迪没能自己解决问题很生气。董事会决定让资深董事弗兰克·托马斯主持这次会议。弗兰克则宣布首先由约翰和桑迪发言，然后由董事会进行商讨。

约翰首先发言。他强调"董事会应该为我们两人寻找继任者，并且立即开始寻找。一旦找到接替者，我们就辞去联合CEO"，他接着说："如果我成为单一CEO，我也能勉为其难。但我实在不愿意接受这份工作了，我将积极寻找接班人。"约翰没有意识到，他给董事会传递了如此负面的影响，这直接导致了他的最终失败。

轮到桑迪发言了，桑迪从外套口袋里拿出了一个发言要点清单。事实上，桑迪几乎很少准备发言稿，只有在极端重要的场合桑迪才会这样做。他明确表示："我想要这个职位，我是领导公司的正确人选。我与管理团队中的所有重要成员都合作了很多年，我知道如何创造成果，我们一起可以大有作为。我能带领公司继续往前走，为公司积累大量价值。我希望有机会看到公司成功。"

发完言后，两人被要求等在外面。接下来是鲍勃·鲁宾的发言，但由于他是公司的内部人，很快也被赶了出来，不允许他参与商讨。三人坐在休息室一起吃三明治、看报纸。桑迪和约翰轻松地交谈着关于高尔夫球赛的看法，讨论各自最喜欢的高尔夫选手。这时两人反而不管办公室内的腥风血雨，能无拘无束地交流了。

时间一个小时接一个小时地过去，会议仍然没有结束。大约晚上7点，弗兰克·托马斯终于出来了，他问约翰是否愿意放弃CEO职务，换取董事会非执行主席的头衔。约翰立即拒绝，桑迪知道自己赢了。董事会最终选择了桑迪为新的CEO。

约翰在失败面前表现得很绅士。他没有给桑迪制造任何障碍，第二天，他和桑迪与高级管理人员见了面并讲了话，下午他离开了。在4月他的最后一次董事会议上，他发表了告别演讲。

之后的几年，尽管仍然有这样那样的问题存在，但桑迪在他和管理团队的共同努力下逐一解决了。到2002年，花旗集团的利润从创建以来已经翻了一番，达到了150亿美元。董事会的选择是正确的。

# 第六节　退　休

> 在我看来，任何不导致有才能的管理人员流失的领导层更换都是巨大的成功。
>
> ——桑迪·威尔

经过3年的努力，花旗集团终于走上正轨。这时，弗兰克·托马斯提醒桑迪把握住继任问题，桑迪立即开始寻找合适的候选人。

2003年3月桑迪70岁生日的时候。人生七十古来稀，桑迪开始认真考虑应该如何度过余生。琼妮和卡内基音乐厅的发展总监杰伊·戈兰为桑迪在音乐厅筹办了一次盛大的生日庆祝会。杰伊想到一个主意，那就是利用庆祝会举行一次音乐教育捐款。杰伊宣布他们需要筹集5000万美元并提议把这一数字作为桑迪的生日庆祝会的筹款目标。尽管桑迪说："对一个晚上来说，这个数目可真大。"但他还是同意了。

　　这天晚上，共有700多人参加了这场盛会，沃尔特·克朗凯特担任主持人。桑迪坐在前总统克林顿和纽约市长布隆伯格中间，桑迪的朋友马友友和曼尼·阿克斯为桑迪演奏，桑迪笑得无比开心。之后，州长帕塔基、参议员舒默和市长布隆伯格为桑迪致词，然后是克林顿总统的演讲。总统感谢桑迪证明了美国的经济制度有能力保证弱势群体不被遗忘。最后，琼妮、杰西卡和马克各自发表精彩的致词，桑迪的孙女劳雷尔为桑迪唱生日快乐歌。晚会的最后，50名桑迪最亲密的朋友和着《俄克拉何马》的序曲共同演唱。

　　那天晚上，筹款金额超过了计划的筹款目标，总共筹集了6000万美元，创下单次慈善活动的纪录。这次的私人捐款成为卡内基音乐厅历史上最大的私人捐款。

　　这个晚上对桑迪产生了很深的影响，桑迪认识到现在是功成身退的时候了。桑迪已经70多岁了，他现在应该做的就是为花旗寻找一位合适的继承者。桑迪不想选择外人来担任CEO，这样花旗可能会失去很多好的员工。花旗集团是世界上最好的公司之一，也一定能从中选出最适合的人员。

　　桑迪选择了查克·普林斯和鲍勃·维拉姆斯塔德作为最后的人选，但两人都有不足。鲍勃是一名出色的管理者和执行者，但他缺乏对花旗集团全部业务的认识。查克虽然对公司有全面的了解，但负责具体业务的时间尚短。桑迪退休后，单独的一个人无法执掌公司。必须要让一个人成为CEO，而另一个人也能够留在公司继续工作。

桑迪的想法得到了继任委员会的同意。6月，桑迪带着妻子琼妮休假，他决定在休假期间仔细思考一个两全的方案。

桑迪和琼妮先到柏林，花旗集团安排桑迪会见德国总理格哈特·施罗德和德意志银行董事会主席约瑟夫·阿克曼。桑迪与施罗德总理一见如故，晚上，施罗德邀请桑迪到他的府邸会谈。两人都出身卑微，都热衷于建立公共机构。两人相谈甚欢，还共同品尝了一瓶非常棒的法国波尔多葡萄酒。

桑迪继续去法国南部度假，桑迪和琼妮开始详细讨论他的退休计划。琼妮希望桑迪能够尽早退休。她爱桑迪，愿意成为他生活和事业中的伙伴，但她也希望桑迪能够多点时间与她呆在一起。毕竟，43年来她一直与桑迪生活中的另一个情人——公司来分享他。桑迪决定退休，将更多的时间给亲爱的琼妮和家人。

回家后，桑迪把他的决定告诉了继任委员会。得到同意后，桑迪立刻打电话给查克，请他下个星期六到自己的家里来。那个周末正逢7月4日，查克不想去，他打算到楠塔基特与他的未婚妻一起度过节日。桑迪告诉他："你一定要来，我派飞机去接你，不会耽误你的约会的。"查克只好同意了，他猜想桑迪一定是有了什么好的收购计划，这样迫不及待地要他来见面。

到了家里，桑迪吊足了查克的胃口。他们一起吃了午饭，然后来到俯瞰湖面的露台上，两人东一句、西一句地谈着。查克不知道桑迪到底想说什么，他告诉桑迪，如果桑迪退

休了，他将离开公司。桑迪开始切入主题："查克，我想让你当我的接班人！"

查克整个人都懵了，脸色变得煞白。他差点从椅子上跌了下来。查克无论如何也想不到，自己是桑迪选定的继任者。他在椅子上默默坐了一分钟。最后，他说他想和未婚妻商量一下，可是，他后来也没有联系到未婚妻。

查克并没有关心自己的继任问题，他更在意桑迪的感受。桑迪告诉查克，自己会留任董事会主席，帮助查克顺利过渡。

查克终于回过神来了，他开始兴奋起来。他说要回去征得未婚妻的同意，晚上他给桑迪打来电话，表示同意。

下一项工作是留住鲍勃。鲍勃与查克不同，他已经担任了花旗集团总裁一年多，不能当上CEO会令他非常失望。桑迪也担心鲍勃会在冲动之下会突然离去。鲍勃确实感觉受到了伤害，他很想要这个职位，无法接受这一安排。桑迪建议他和查克晚上见一面，讨论一下如何才能共事，看看能不能让对方满意。

会谈很成功，查克的表现让鲍勃满意。鲍勃随后向桑迪提出了要求，希望自己拿和查克一样的报酬、进入董事会并享受和查克一样的待遇。这是退让的姿态，况且这些要求也不算过分。桑迪征得了继任委员会的同意之后，答应了鲍勃的要求。鲍勃选择留下，这意味着花旗将成功过渡。

7月16日，桑迪在一次员工会议上宣布了管理层的变动，

并指出自己会在年底卸任CEO一职。事实上，9月底，桑迪就正式退休了。

整个过程风平浪静，没有任何冲突和矛盾。平静、平凡而又平淡。桑迪在经历了一生的风雨后，竟然是如此顺利地退休。

退休后的桑迪除了和家人享受幸福时光，也把他的主要精力用在了慈善事业上。桑迪与卡塔尔·埃米尔及埃米尔夫人合作，在多哈建立了第一所在美国以外的美国标准的医学院。每年，来自中东、非洲和亚洲的50多名学生将从这里毕业，全部达到康奈尔大学严格的学术标准。2004年，桑迪关注到坦桑尼亚，威尔康奈尔医学院（部分得到花旗集团基金的支持）同意为该国培养医生，并致力于提高其医疗水平。

在国内，威尔康奈尔医学院、卡内基音乐厅、国家学术基金都是桑迪努力工作的地方。桑迪也结交了许多新的朋友，他们中有一位大家都听说过，那就是俄罗斯总统普京。